DORIS MULIAR

SCHLANK AUF KNOPFDRUCK

Abnehmen mit dem Thermomix®

Tragen Sie sich jetzt unter **www.thermomix-fans.de** für unseren Newsletter ein und erhalten Sie zu neuen Veröffentlichungen Leseproben und kostenlose Rezepte!

riva

Bibliografische Information der Deutschen Nationalbibliothek
Die Deutsche Nationalbibliothek verzeichnet diese Publikation in der Deutschen Nationalbibliografie. Detaillierte bibliografische Daten sind im Internet über http://d-nb.de abrufbar.

Für Fragen und Anregungen
info@rivaverlag.de

Wichtiger Hinweis
Sämtliche Inhalte dieses Buches wurden – auf Basis von Quellen, die die Autorin und der Verlag für vertrauenswürdig erachten – nach bestem Wissen und Gewissen recherchiert und sorgfältig geprüft. Alle Rezepte in diesem Buch wurden für den Thermomix® TM5 entwickelt und mit diesem getestet. Bitte beachten Sie: Der Mixtopf des Thermomix® TM5 ist größer als der des TM31 (Kapazität von 2,2 Litern anstatt 2,0 Liter beim TM31). Daher dürfen aus Sicherheitsgründen die Rezepte aus diesem Buch nur dann mit dem TM31 nachgekocht werden, wenn die Mengen angepasst wurden. Achten Sie auf die Füllstandsmarkierungen und überschreiten Sie die maximale Füllmenge nicht. Der Verlag und die Autorin haften für keine nachteiligen Auswirkungen, die in einem direkten oder indirekten Zusammenhang mit den Informationen stehen, die in diesem Buch enthalten sind. Thermomix® ist ein eingetragenes Warenzeichen der Vorwerk & Co. KG. Diese Publikation ist kein offizielles Lizenzprodukt der Vorwerk & Co. KG.

Originalausgabe
1. Auflage 2020

Nymphenburger Straße 86
D-80636 München
Tel.: 089 651285-0
Fax: 089 652096

Redaktion: Caroline Kazianka
Umschlaggestaltung: Laura Osswald
Umschlagabbildungen: shutterstock.com/Anna Shepulova, shutterstock/Nella; shutterstock/Stepanke Photography; shutterstock/Amawasri Pakdara; iStockphoto/iuliia_n
Satz: inpunkt[w]o, Haiger (www.inpunktwo.de)
Druck: Florjancic Tisk d.o.o., Slowenien
Printed in the EU

ISBN Print 978-3-7423-1031-6
ISBN E-Book (PDF) 978-3-7453-0666-8
ISBN E-Book (EPUB, Mobi) 978-3-7453-0667-5

Weitere Informationen zum Verlag finden Sie unter

www.rivaverlag.de

Beachten Sie auch unsere weiteren Verlage unter www.m-vg.de

INHALT

95 SUPPEN

121 FLEISCH

135 FISCH

VORWORT

Sie wollen ein paar Pfunde abnehmen? Vielleicht auch mehr? Dafür brauchen Sie eine Diät oder besser gesagt: eine Ernährungsweise, die zu Ihrem Alltag passt und die Sie ohne Mühe und Verzicht einhalten können.

Erwiesenermaßen ist die Low-Carb-Ernährung dafür ein guter Ansatz. Wir haben in diesem Buch über 100 Rezepte zusammengetragen und neu entwickelt, die höchstens 10 Gramm Kohlenhydrate pro Portion enthalten und oft sogar erheblich weniger. Dass diese Gerichte dennoch satt machen, liegt daran, dass sie mit viel Eiweiß punkten. Das hat außerdem den Vorteil, nicht so schnell wieder Hunger aufkommen zu lassen.

Zusätzlich gibt es noch Anregungen zum beliebten Intervallfasten, das Sie, wenn Sie schneller abnehmen wollen, gut mit einer Low-Carb-Ernährung verbinden können. Dabei kommt es nicht so sehr auf Kohlenhydrate und Kalorien an – hier werden die Stunden des Intervalls gezählt. Wir beschreiben im Buch die klassischen Varianten 16 : 8 (16 Stunden ohne Essen, acht Stunden mit) und 5 : 2 (an zwei Tagen pro Woche nur eine Mahlzeit mit jeweils 500 kcal). Theoretisch können Sie außerhalb der Fastenstunden bzw. -tage essen, was Sie wollen. Besser ist es aber, auch hier Low-Carb-Rezepte zu verwenden. Dafür können die Portionen etwas größer ausfallen oder Sie planen für eine Mahlzeit zwei Gänge ein, damit Sie satt werden.

Als Bonus für Anhänger der Punktediät nach Weight Watchers® haben wir für Sie auch die Punkte für jedes Gericht ausgerechnet. Denn hier werden keine Kalorien oder Kohlenhydrate gezählt, sondern alles wird mit Punkten bewertet. Dahinter steht der Gedanke, das Zählen einfacher zu machen, wobei Gerichte mit hohem Fett- oder Eiweißanteil höher zu Buche schlagen als zum Beispiel Gemüse. Wir geben Ihnen Tipps, wie Sie ein »punktestarkes« Low-Carb-Rezept oder ein Rezept mit hohem Fettanteil zugunsten der Ernährung nach Weight Watchers® variieren können.

Sie finden in diesem Buch Rezepte für Frühstück, Brunch und Lunch in einem Kapitel zusammengefasst. Denn wann Sie Ihre erste Mahlzeit des Tages essen, bestimmen Sie ganz nach Belieben selbst. In diesem Kapitel werden Aufstriche, Brote, Muffins und Pancakes mit wenig Mehl, Eiergerichte, Terrinen und kleine leckere Salate vorgestellt. Vieles davon können Sie zwei bis drei Tage im Kühlschrank aufbewahren und auch gut zur Arbeit oder zum Picknick mitnehmen.

In einem zweiten Kapitel erhalten Sie Rezepte für Suppen – die Klassiker unter den Thermomix®-Zubereitungen. Da ist für jede Jahreszeit etwas dabei, sodass Sie je nach Saison das passende Gemüse aus der Region verwenden können, denn dann schmeckt es am besten.

Mit Vorschlägen für Fleisch- und Fischgerichte sorgen wir für die nötigen Proteine auf dem Teller. Und beim Gemüse als Hauptmahlzeit stellen wir Proteine in Form von Käse und Milchprodukten bereit. Veganer können Käse und Milchprodukte durch entsprechende Soja-Zubereitungen ersetzen.

Zu guter Letzt gibt es natürlich auch noch ein Kapitel für süße Leckereien: Da lassen wir herkömmliches Mehl und Zucker ganz weg. Stattdessen verwenden wir Mandel- oder Kokosmehl, viel Quark und dort, wo die Fruchtsüße nicht ausreicht, Zuckerersatzstoffe.

Entscheiden Sie selbst, ob Sie grundsätzlich Kohlenhydrate in Ihrer Ernährung einschränken wollen oder ob Sie Low Carb ständig oder nur ab und zu mit Intervallfasten kombinieren wollen – jede Variante führt letztendlich dazu, dass Sie sich mit Ihrer Ernährung auseinandersetzen und ein besseres Gefühl dafür bekommen, was Ihnen guttut und wie Ihre Pfunde am schnellsten purzeln.

ELF PUNKTE FÜR IHRE SICHERHEIT

1. Wenn Sie zerkleinern oder pürieren: Setzen Sie immer den Messbecher ein. Beim Zerkleinern von Nüssen, Gemüse oder anderen harten Lebensmitteln könnten sonst Teile herausgeschleudert werden. Beim Pürieren von heißen Suppen besteht Verbrennungsgefahr durch Spritzer! Verwenden Sie auch den Spritzschutz, wenn Sie vier oder mehr Portionen Suppe kochen – da kann es ebenfalls spritzen.
2. Bei heißem Mixtopfinhalt (über 60 °C) nicht sofort im Turbo-Modus pürieren und die Drehzahl nur langsam ansteigend erhöhen.
3. Beachten Sie die maximale Füllstandsmarkierung im Mixtopf. Er ist für 2,2 Liter ausgelegt.
4. Der Mixtopfdeckel entriegelt automatisch nach Ende der eingestellten Garzeit. Versuchen Sie nicht, ihn gewaltsam zu öffnen.
5. Beim Dampfgaren mit dem Varoma darf der Messbecher nicht eingesetzt werden – es kann sonst kein Dampf entweichen.
6. Bei Verwendung des Varoma muss der Dampf zirkulieren können. Lassen Sie daher immer einige Schlitze im Boden frei. Geben Sie genügend Wasser für die Dampfentwicklung in den Mixtopf. Setzen Sie stets den Varoma-Deckel auf und achten Sie darauf, beim Öffnen nicht mit dem heißen Dampf in Berührung zu kommen.
7. Der Rühraufsatz (Schmetterling) zum Schlagen von Eischnee oder Sahne darf nur bis höchstens Stufe 4 verwendet werden. Der Spatel darf bei Benutzung des Schmetterlings nicht eingeführt werden.
8. Bitte niemals ein anderes Rührwerkzeug als den Spatel in die Deckelöffnung einführen. Der Spatel ist mit seinem »Kragen« so konstruiert, dass er nicht mit den Messern in Berührung kommen kann.
9. Wenn Sie den Mixtopf zum Reinigen auseinandernehmen, gehen Sie äußerst vorsichtig mit dem Mixmesser um – die Messer sind höllisch scharf, es besteht Verletzungsgefahr.
10. Wenn Ihr Thermomix® keinen festen Platz in Ihrer Küche hat, stellen Sie ihn immer auf eine rutschfeste, ebene Arbeitsfläche. Beim Zerkleinern oder beim Rühren von Teigen könnte der Thermomix® durch Unwucht in Bewegung geraten. Bleiben Sie bei diesen Arbeitsschritten neben dem Gerät.
11. Bitte beachten Sie, dass die Mixtöpfe verschiedener Thermomix®-Modelle über mehr oder weniger Füllmenge verfügen, und passen Sie die Rezepte entsprechend an.

ZUM UMGANG MIT DIESEM BUCH

Hier finden Sie eine Übersicht über die Zutatenmengen und Nährwertangaben in den Rezepten.

- Alle Rezepte sind für den TM5 konzipiert.
- Sofern Milch und Joghurt verwendet werden, sind immer Varianten mit 3,5 Prozent Fett gemeint – die fettreduzierten Sorten enthalten mehr Kohlenhydrate! Verwenden Sie Frischmilch, denn homogenisierte Milch hat fast keine Vitamine mehr.
- Für Quark und Frischkäse gilt ebenfalls: Wählen Sie auch beim Abnehmen höhere Fettstufen, mindestens 20 Prozent. Die Light-Produkte weisen mehr Kohlenhydrate und Emulgatoren auf. Wer Punkte sparen will, ersetzt da, wo es geht, Quark oder Joghurt durch Skyr, ein isländisches Milchprodukt, das auch bei uns in allen Supermarkt-Regalen steht.
- Die Mengenangaben bei Gemüse und Obst beziehen sich auf ungeputzte Ware.
- Mit Zwiebel ist ein Exemplar von ca. 100 Gramm gemeint. Eine kleine Zwiebel sind etwa 75 Gramm, eine große 150 Gramm.

Bei jedem Rezept finden Sie ausführliche Nährwertangaben, die nach dem Bundeslebensmittelschlüssel berechnet sind. Kcal steht hierbei für Kilokalorien, E für Eiweiß, F für Fett und KH für Kohlenhydrate.

Für alle, die nach einer Punktediät abnehmen, haben wir auch die Punktezahl der Gerichte ermittelt. Sie steht jeweils vor den Nährwertangaben.

Alle Gerichte sind sowohl für die Low-Carb-Ernährung als auch für das Intervallfasten geeignet.

WAS BEDEUTET LOW CARB?

Im Grunde ist die Low-Carb-Ernährung ganz einfach: Alles, was viele Kohlenhydrate enthält, wird reduziert oder weggelassen. Das betrifft vor allem Zucker, Teigwaren, Reis und Brot.

Warum zu viele Kohlenhydrate langfristig zu Übergewicht führen können, ist schnell erklärt:

Das Hormon Insulin aus der Bauspeicheldrüse kontrolliert den Blutzuckerspiegel. Es sorgt dafür, dass die Körperzellen mit Glucose versorgt werden, ist sozusagen der Türöffner, mit dem die Zellen aufgeschlossen werden, damit der Treibstoff hineinkann.

Ist zu viel Insulin im Blut – was immer nach kohlenhydratreichem Essen der Fall ist –, beschleunigt das Insulin die Einlagerung von Glucose in den Zellen, die wiederum den Zucker in Fett umwandeln. Und, ganz wichtig: Solange Insulin im Blut zirkuliert, wird kein Fett abgebaut!

Dadurch, dass Insulin den Zucker aus dem Blut schleust, entsteht aber wiederum ein Hungergefühl und wir essen einen Snack, meist wieder mit Kohlenhydraten – der Teufelskreis beginnt von vorne.

Um diesen Ablauf zu durchbrechen, sollte man wenige oder zumindest nur kohlenhydratfreie Snacks zu sich nehmen und darauf achten, dass so oft wie möglich mehr eiweißhaltige Lebensmittel auf den Teller kommen als solche mit Kohlenhydraten.

Andererseits sollte man aber nicht in das Extrem verfallen, Kohlenhydrate komplett zu verteufeln und aus der Ernährung zu verbannen. Denn sie sind und bleiben ein wichtiges Lebensmittel, das schnell Energie liefert und unverzichtbar für unser Gehirn ist. Zwar kann der Körper den erforderlichen Zucker auch aus seinen eigenen Fett- und Eiweißvorräten herstellen, dies tut er aber nur dann, wenn er über einen längeren Zeitraum gar keine Kohlenhydrate bekommen hat. Damit diese sogenannte Gluconeogenese dauerhaft funktioniert, muss man also tatsächlich komplett auf Brot, Nudeln und Co. verzichten. Das macht keinen Spaß und hat auch nichts mit Low Carb zu tun! Moderate Versionen der Low-Carb-Ernährung erlauben stattdessen sogar zwischen 50 und 100 Gramm Kohlenhydrate pro Tag. Unsere Rezepte weisen maximal 10 Gramm Kohlenhydrate pro Portion auf, weshalb Sie sich gerne auch mal eine Scheibe Brot zum Frühstück oder zur Suppe gönnen können.

VERSTECKTE KOHLENHYDRATE

Man glaubt es ja kaum, wo sich Zucker – und damit meinen wir hauptsächlich den weißen Haushaltszucker – überall versteckt. Sie können das in der Tabelle auf Seite 13 sehen. Zu viel von diesen ansonsten nährstofffreien Kohlenhydraten wirkt in vielerlei Hinsicht negativ auf unseren Organismus: Wir werden müde, antriebslos, depressiv und krank. Hoher Zuckerkonsum ruft Darmprobleme hervor, wird für Hautkrankheiten und Pilzbefall verantwortlich gemacht und kann Schlafstörungen und Immunschwäche verursachen.

Was macht dann den Zucker so begehrenswert? Er ist beteiligt an der Produktion des Glückshormons Serotonin – und damit birgt er auch ein gewisses Suchtpotenzial. Besonders gefährlich ist Zucker, der sich in Fertigprodukten versteckt, in denen man ihn gar nicht vermutet. Fertigsaucen, Marinaden, Wurstwaren, Tütensuppen, fettreduzierte Milchprodukte – überall ist Zucker drin. Untersuchungen zufolge werden zwei Drittel allen Zuckers so konsumiert. Hauptsächlich natürlich in Limonaden, Eistees oder Latte Macchiato aus dem Kühlregal. Vermeiden Sie diese gezuckerten Produkte, wo immer es geht, denn sie setzen den für Sie schädlichen Insulinkreislauf in Bewegung, was Fetteinlagerungen begünstigt und Abnehmen verhindert.

Aber Achtung! Nicht alles, was süß ist, ist auch gleich schädlich. Zucker in frischen Lebensmitteln wie Beeren, Gemüse und als komplexe Kohlenhydrate in Vollkornprodukten und Hülsenfrüchten sind unverzichtbare Bestandteile einer gesunden Ernährung – auch in der Low-Carb-Ernährung!

Hier einige Beispiele für versteckten Zucker in Lebensmitteln:

Haushaltszucker in Lebensmitteln (pro 100 g/ml)	
Balsamico Creme	48 g
Butterkekse	45 g
Currywurst mit Sauce	15 g
Fischstäbchen	2 g
Fleischsalat	3 g
Fruchtjoghurt	15 g
Gewürzgurken	5 g
Gummibärchen	78 g
Heringssalat	8 g
Kaffeesahne	4 g
Ketchup	25 g
Krautsalat	11 g
Milchschnitte	29 g
Müsliriegel	30 g
Nusscreme	60 g
Pizza (Fertigprodukt)	3–6 g
Rahmspinat	4 g
Rotkohl im Glas	5 g
Schokoriegel	60 g
Softdrinks	10 g
Tomatensauce	4 g
Trockenobst	45–68 g
Tütensuppe	4 g

PROTEINE HELFEN BEIM ABNEHMEN

Eiweiß (Protein) ist der Treibstoff, der unsere Muskeln am Laufen hält. Dieses Eiweiß besteht aus Aminosäuren, wovon neun essenziell sind, also lebenswichtig. Diese kann unser Körper – im Gegensatz zu den übrigen 13 Aminosäuren – nicht selbst herstellen. Sie müssen mit der Nahrung zugeführt werden. Geschieht das nicht, geht der Körper an seine Protein-Vorräte. Und die sind in den Muskeln. Wenn Sie also hochwertiges Eiweiß zu sich nehmen, beugen Sie dem Muskelabbau während einer Diät schon mal vor. Deshalb empfehlen wir Fisch und Fleisch als Haupt-Eiweißträger. Vegetarier und Veganer sollten vermehrt pflanzliches Eiweiß aus Hülsenfrüchten verzehren (auch wenn dort Kohlenhydrate enthalten sind).

Proteine sättigen schneller und länger, denn sie gelangen vom Magen aus langsamer in den Darm. So fällt es leichter, Versuchungen zu widerstehen. Und: Wenn wir zu Kohlenhydrathaltigem (Brot, Teigwaren, Reis) auch reichlich Proteine kombinieren, wird die Aufnahme des darin enthaltenen Zuckers verlangsamt, und die fatalen Heißhungerattacken bleiben aus.

Achten Sie beim Abnehmen darauf, genügend Eiweiß aufzunehmen. Damit beugen Sie zudem Stimmungsschwankungen und schlechter Laune vor. Denn auch Ihre Psyche und Ihre Gefühle werden von den kleinen Eiweißbausteinen, den Aminosäuren, beeinflusst. Ohne Aminosäuren keine Neurotransmitter, keine Glückshormone!

Proteine zünden gerade als Abendmahlzeit einen Super-Turbo: Die Produktion von HGH (Human Growth Hormone = menschliches Wachstumshormon) wird angeregt. Das Hormon fördert einen erholsamen Schlaf, bremst die Zellalterung und sorgt für eine gesteigerte Fettverbrennung. Man kann Proteine also tatsächlich als »Schlankheitsnährstoff« bezeichnen.

Die besten Eiweißlieferanten (pro 100 g)

Fisch	
Heilbutt	20
Rotbarsch	18
Thunfisch	21
Garnelen	19
Flusskrebs	15
Forelle	20
Lachs	20
Lachs, geräuchert	29
Fleisch	
Hähnchenbrust	20
Putenbrust	19
Rinderfilet	21
Schweinefilet	22
Nüsse und Samen	
Cashewkerne	17
Erdnüsse	26
Leinsamen	29
Mandeln	19
Sesamsamen	21
Walnusskerne	15
Hülsenfrüchte	
Bohnen, getrocknet	21
Kichererbsen	19
Mungobohnen	23
Linsen	24
Käse	
Feta	17
Frischkäse (20 %)	13
Mozzarella	19
Appenzeller (50 % Fett)	25
Bergkäse (45 % Fett)	29
Harzer	30

NICHT AUF FETT VERZICHTEN!

Auf hochwertige Öle sollen und dürfen Sie nicht verzichten, nur um ein paar weitere Kalorien einzusparen, denn Ihr Körper kann die darin enthaltenen Fettsäuren nicht selbst herstellen.

Am wichtigsten sind die Omega-3-Fettsäuren (in Fischen, Leinöl, Soja-, Raps- und Walnussöl vorhanden) und die Omega-6-Fettsäuren (aus Pflanzenölen, Milchprodukten und Fleisch). Fehlen dem Körper diese Fettsäuren, werden wir anfälliger für Infektionen, Arteriosklerose und koronare Herzkrankheiten drohen.

Omega-3- und Omega-6-Fettsäuren sind für verschiedene Funktionen zuständig, können sich jedoch in ihrer Wirkung hemmen. Deshalb muss auf ihr Verhältnis zueinander geachtet werden: Empfohlen wird im Allgemeinen 1 Teil Omega-3 zu 5 Teilen Omega-6. Also maximal 5-mal so viel Omega-6 wie Omega-3. In der gegenwärtigen durchschnittlichen Ernährung liegt das Verhältnis mit 1:10 und darüber deutlich höher. Der Überschuss an Omega-6-Fettsäuren ist durch den Einsatz von zu viel billigen Ölen und industriellen Transfetten enorm, was Entzündungen, Übergewicht und Insulinresistenz fördert.

In unseren Rezepten kochen wir daher oft mit Rapsöl, verwenden Nussöl für Salate und geben noch Nüsse obenauf. Mit den Fischen in den Rezepten ab Seite 31 zu Mittag und Seite 135 für Abendmahlzeiten sind Sie auf der sicheren Seite: Sie enthalten die wichtigen Proteine und die wertvollen Fettsäuren!

WIE FANGE ICH AN?

Stellen Sie sich darauf ein, dass die Low-Carb-Ernährung keine Ruckzuck-Diät, sondern ein langfristiges Projekt zur Gewichtsreduktion und für eine gesunde Lebensweise ist. Daher können Sie die Umstellung getrost langsam angehen – umso nachhaltiger wird der Erfolg sein. Sie müssen sich auch nicht auf strenge Vorschriften vermeintlicher Low-Carb-Experten einlassen – bleiben Sie locker, beherzigen Sie ein paar Regeln und fühlen Sie sich wohl dabei.

Beginnen Sie einfach damit, in der ersten Woche ganz konsequent alle Snacks und Naschereien zwischendurch wegzulassen. Schwer? Anfangs schon, denn solche Gewohnheiten sind wahrscheinlich schon seit Langem fester Bestandteil in Ihrem Tagesablauf.

Der Verzicht auf Snacks fällt jedoch viel leichter, wenn Sie sich zu Ihren Mahlzeiten satt essen. Ohne Hunger gibt es auch keine Notwendigkeit, nach zwei Stunden schon wieder etwas zu verzehren.

Hilfreich kann es auch sein, Kühlschrank und Vorratsschrank nach kohlenhydratreichen Lebensmitteln zu durchforsten, die Sie in Versuchung bringen könnten.

Sie müssen natürlich nicht alles wegwerfen, das sich mit der Zeit so in Ihrem Vorratsschrank angesammelt hat. Aber einiges davon wird bestimmt nicht zum Low-Carb-Prinzip passen. Stellen Sie diese Nahrungsmittel beiseite oder verschenken Sie sie.

Sind die Verführer wie weißer Zucker, Mehl, Teigwaren verbannt, wird es Ihnen schon leichter fallen, von alten Essgewohnheiten zu lassen.

Gewöhnen Sie sich außerdem an, selbst zu kochen – dafür haben Sie ja Ihren Thermomix®! Wir bieten Ihnen im Rezeptteil vieles, das Sie auch gut für unterwegs vorbereiten können. Ein bisschen Planung und eine Vorratshaltung mit kohlenhydratarmen Produkten – sie werden erstaunt sein, wie schnell Sie in den neuen Rhythmus finden.

WOCHENPLAN FÜR DEN LOW-CARB-EINSTIEG

Der Beispiel-Plan soll nur mit Rezepten aus diesem Buch eine Anregung geben. Je nachdem, für wie viele Personen Sie täglich Mahlzeiten zubereiten, kann das sehr stark variieren. Wenn Sie berufstätig sind und eher auf Vorrat kochen, werden Sie andere Rezept-Zusammenstellungen wählen als jemand, der dreimal täglich den Thermomix® in Betrieb nimmt.

Es ergibt auf jeden Fall Sinn, zu Anfang für das Frühstück ein oder zwei Aufstriche vorzubereiten, denn diese lassen sich gut im Kühlschrank aufbewahren und können auch zum Lunch eingesetzt werden. Am besten gleich mit einem Zucchini- oder Möhrenbrot, denn auch diese sind bis zu drei Tagen haltbar. Natürlich steht es Ihnen auch frei, zu unseren Aufstrichen Vollkornbrötchen aus der Bäckerei zu essen oder das Zucchinibrot einfach mit Frischkäse oder einer zuckerfreien Marmelade zu bestreichen.

Auch bei den anderen Mahlzeiten können Sie flexibel bleiben. Meist lassen sich diese gut aufwärmen oder sogar mitnehmen und kalt essen.

Damit Sie nicht täglich neu einkaufen müssen, sollten Sie einen Plan erstellen, was Sie die Woche über essen wollen. Wenn Sie zum Beispiel nur für zwei Personen kochen, wählen Sie trotzdem ein Rezept für vier Portionen und essen den Rest zwei Tage später oder frieren die restlichen Portionen für die nächste Woche ein.

Beispiel-Wochenplan Low Carb

	morgens	mittags	abends
1. Tag	Chiapudding mit Granatapfelkernen (S. 41)	Spinat-Pancakes (S. 50)	Hähnchenbrust all'arrabiata (S. 132)
2. Tag	Käse-Omelette (S. 53)	Kürbissuppe mit Salbei-Nuss-Pesto (S. 120)	Lauchquiche mit Räucherlachs (S. 142)
3. Tag	Rote-Bete-Aufstrich auf Vollkornbrötchen (S. 39)	Kräuterrolle mit Lachs (S. 69)	Kohlrabi-Gratin (S. 160)
4. Tag	Kakao-Mandelcreme auf Vollkornbrötchen (S. 43)	Blumenkohl in Safransauce (S. 154)	Capresesuppe (S. 116)
5. Tag	Zucchinibrot mit Geflügelleberwurst (S. 46)	Babyspinatcreme (S. 96)	Rinderbällchen in Tomatensauce (S. 122)
6. Tag	Schinken-Eier-Muffins mit Paprika (S. 78)	Rotkohlrohkost mit Möhren und Granatapfel (S. 86)	Lachs auf Spinat-Zucchinicreme (S. 140)
7. Tag	Hähnchenterrine mit Pistazien (S. 66)	Gefüllte Avocado mit Thunfisch (S. 90)	Blumenkohl-Pizza (S. 166)

ABNEHMEN NACH PUNKTEN

Die Ernährung nach Weight-Watchers® und damit das Abnehmen funktioniert mithilfe eines ausgeklügelten Punktesystems. Sie brauchen sich nicht mehr um Kalorien, Kohlenhydrate oder Proteine zu kümmern. Stattdessen werden Punkte vergeben, von denen Sie je nach Alter, Trainingszustand und Abnehmwunsch eine bestimmte Anzahl täglich zur Verfügung haben. Es ist also im Grunde genommen nichts verboten. Mit einer Einschränkung: Sie sollten frisch zubereitete Mahlzeiten bevorzugen. Wenn Sie meinen, wenig Zeit zum Kochen zu haben, gilt diese Ausrede nicht mehr: Ihr Thermomix® schnibbelt, kocht und dämpft für Sie. Dadurch ernähren Sie sich auch deutlich gesünder und ausgewogener – eine wichtige Voraussetzung für dauerhaften Erfolg.

Der Punktewert einer Mahlzeit setzt sich aus den enthaltenen Kalorien und Makronährstoffen (Kohlenhydrate, Eiweiß und Fette) zusammen. Dabei haben eiweißreiche Lebensmittel wenige oder gar keine Punkte, während fett- und zuckerreiche Zubereitungen mit vielen Punkten zu Buche schlagen. Es liegt also an Ihnen, wie Sie mit Ihrer täglichen Punkteration umgehen. Punktetabellen (für Mitglieder und im Internet) geben Ihnen Auskunft, welche Lebensmittel mit null Punkten bewertet und daher zum Sättigen geeignet sind und welche eher als »Sahnehäubchen« mit vielen Punkten bewertet sind. Neu für Mitglieder bei den Weight-Watchers ist, dass Sie Ihren Ernährungsplan personalisieren lassen können. Sie verraten etwas über Ihre Lebens- und Ernährungsgewohnheiten und bekommen einen punktgenauen Plan für Ihre Diät.

Damit die Low-Carb-Rezepte in diesem Buch, die bisweilen eiweißbetont sind und bei denen eher wenig auf den Fettgehalt geachtet werden muss, auch problemlos für eine Punktediät eingesetzt werden können, haben wir – wo es notwendig ist – Tipps für Sie, wie die Punktezahl reduziert werden kann.

LOW CARB UND INTERVALLFASTEN

Gleich zwei Konzepte zum Abnehmen gleichzeitig? Ist das nicht doppelt gemoppelt, werden Sie sich fragen? Ganz im Gegenteil! Die beiden Konzepte ergänzen sich bestens und garantieren so einen schnellen und dauerhaften Erfolg. Eigentlich sind die beiden ein Dreamteam, wenn es dem Körperfett an den Kragen gehen soll. Und die Durchführung ist ganz einfach: Halten Sie sich an die Essenspausen des Intervallfastens und kochen zu den erlaubten Mahlzeiten nach dem Low-Carb-Prinzip. Der erfreuliche Unterschied: Zu den einzelnen Mahlzeiten beim Intervallfasten darf es ein bisschen mehr sein, das heißt, Sie können beim 16:8-Modus zusätzlich eine Vor- oder Nachspeise einplanen oder einfach die 1,5-fache Portion essen. Beim 5:2-Modus, bei dem an den Fastentagen lediglich eine Mahlzeit erlaubt ist, können Sie Rezepte wählen, die etwa 500 kcal aufweisen, oder Rezepte mit geringerem Kalorienwert »aufpolstern«. Für Männer dürfen die Portionen 100 kcal mehr enthalten – das erreichen Sie zum Beispiel mit einer Handvoll Nüssen oder 1 EL Öl extra.

Planen Sie Ihre Mahlzeiten am besten wöchentlich, das spart Zeit beim Einkauf, hat aber noch einen anderen großen Vorteil: Sie müssen nicht mit knurrendem Magen in den Supermarkt (was oft zu kalorienreichen Entscheidungen führt), und Sie müssen zwischen den Mahlzeiten nicht mehr über Essen nachdenken. Sie wissen ja, was es geben wird, und können sich darauf freuen.

Für die zweite Mahlzeit des Tages können Sie auch eine Vor- oder Nachspeise einkalkulieren. Sie sollten schon angenehm satt sein, bevor das 16-stündige Intervall beginnt. Da alle Rezepte nicht mehr als 10 Gramm Kohlenhydrate beinhalten und oft sogar erheblich weniger, müssen Sie auch nicht befürchten, dass der Insulinstoffwechsel über Nacht aktiv wird und Ihre Pfunde festgehalten werden.

Beispiel-Wochenplan Intervallfasten

	1. Mahlzeit	2. Mahlzeit	Vorspeise oder Nachtisch
1. Tag	Eierküchlein mit Rucola und Schafskäse (S. 52)	Gedünsteter Lachs mit Salatpesto (S. 146)	Panna Cotta mit Mango (S. 187)
2. Tag	Möhrenbrot mit Frischkäse (S. 44)	Kräuter-Zucchini-Auflauf mit Käsekruste (S. 147)	1–2 Brownies (S. 178)
3. Tag	Obstteller mit Kakao-Mandelcreme (S. 43)	Gurken-Avocado-Creme mit Garnelen (S. 118)	Käse-Scones davor oder dazu (S. 77)
4. Tag	Soufflé Pancakes mit je 1 EL Mandelmus (S. 48)	Hähnchenbrust mit Spinat und Kokos-Currysauce (S. 130)	Erbsencocktail mit Radieschen (S. 74)
5. Tag	Thunfischsalat mit Pinienkernen (S. 91)	Gulaschsuppe mit Gemüse (S. 110)	Hüttenkäse mit Himbeeren (S. 184)
6. Tag	Gefüllte Eier mit Schinken (S. 62)	Blechkuchen Elsässer Art (S. 156)	Gedünstete Zucchini mit Knoblauchfenchel (S. 83)
7. Tag	Lachsterrine mit Zucchinibrot (S. 46)	Putengeschnetzeltes mit Pilzen und Tomaten (S. 128)	Erdbeersofteis (S. 185)

WIE FUNKTIONIERT INTERVALLFASTEN?

Sie zählen keine Kalorien mehr, Sie zählen Stunden! Ausnahme sind die »Fastentage« bei der 5:2-Diät. Die an den beiden Diättagen erlaubten 500 (Frauen) bzw. 600 (Männer) kcal sollen nicht unterschritten werden – Sie würden sonst zu schnell hungrig. Wenn es mal ein wenig mehr wird, sollte Ihnen das aber auch kein Kopfzerbrechen bereiten. Denn es geht beim Intervallfasten hauptsächlich um die Zeit, in der Sie nichts essen und so Ihrem Körper und Stoffwechsel Entlastung und Ruhe gönnen.

Unvernünftig wäre es, in den fünf Tagen beziehungsweise den zwölf, zehn oder acht Stunden, an denen gegessen werden darf, unnötig riesige Mengen zu verdrücken. Die Low-Carb-Rezepte, die Sie in diesem Buch finden, werden Sie lang anhaltend satt machen und Ihnen auch die nötigen Nährstoffe im geeigneten Verhältnis liefern. In Ihrem Thermomix® können Sie alles gewohnt schnell und frisch zubereiten – sollten Sie auswärts essen, halten Sie sich am besten an große Gemüseportionen mit magerem Fleisch oder Fisch, der auch fett sein darf.

Grundsätzlich sollten Sie eine Intervallmethode wählen, die zu Ihrem Leben passt. Wenn Sie viel unterwegs sind, kann eine 16-stündige Fastenperiode vielleicht problematisch sein. Da wären ein oder zwei Fastentage nach der 5:2-Methode eventuell besser. Wenn Sie gerne frühstücken und meinen, ohne einen Morgen-Booster nicht in die Gänge zu kommen, lassen Sie besser das Abendessen weg. Da muss jeder seinen eigenen Rhythmus finden.

Nicht geeignet ist das Intervallfasten für Schwangere, Stillende, Untergewichtige und Kinder oder Jugendliche. Diabetiker sollten sich mit ihrem Arzt besprechen, da die Gefahr der Unterzuckerung besteht.

GESUNDHEITLICHE ASPEKTE DES INTERVALLFASTENS

Auf mehr oder weniger lange Hungerstrecken ist der Körper von jeher eingestellt. Volle Kühlschränke zu Hause und volle Regale in den Supermärkten und damit jederzeit verfügbare Nahrung gibt es noch nicht lange genug, als dass sich unser Organismus an ständiges Essen, Verdauen und Verwerten angepasst hätte. Er ist genetisch darauf programmiert, dass sich Zeiten der Nahrungsaufnahme mit Zeiten der Ruhephasen für den Stoffwechsel abwechseln.

Nachgewiesen positive Effekte hat das Kurzzeitfasten bei Insulinresistenz, Allergien und Entzündungen. Die gesundheitlichen Vorteile, die durch das Abnehmen hervorgerufen werden, brauchen wir nicht extra zu erwähnen. Nur so viel: Der Cholesterinspiegel normalisiert sich, das heißt, das »gute« HDL-Cholesterin wird gesteigert. Dieser Effekt wird durch die Low-Carb-Mahlzeiten noch verstärkt. Nicht zuletzt profitieren auch Gehirn und Nervenkostüm, wenn Ihr Körper nicht ständig mit Aufnahme und Verarbeitung von womöglich schädlicher Nahrung beschäftigt ist. Sie werden wacher, aufnahmefähiger und stressresistenter.

Es muss also nicht immer nur ums Abnehmen gehen. Vorübergehender, stunden- oder tageweiser Nahrungsverzicht ist prima geeignet, um dem Organismus etwas Pause zu gönnen. Wir kennen das alle von den »Entlastungstagen«, an denen es nur Flüssignahrung, Reis oder gekochte Kartoffeln gibt.

Auch mehrtägiges oder -wöchiges Intervallfasten bedeutet Urlaub für den Körper – vor allem für den viel beschäftigten Darm. Egal, welche Intervall-Möglichkeit Sie wählen, nehmen Sie viel Gemüse zu sich. Je bunter, desto besser – geeignete Rezepte hierfür finden sie hauptsächlich im Kapitel Gemüse, aber auch unter den Brunch- und Lunch-Ideen. Gemüse – und auch Obst – enthält jede Menge sekundärer Pflanzenstoffe, Antioxidantien, Vitamine und Mineralstoffe. Eine große Gemüseportion sättigt und verhindert dabei, unnötig viel Fett und Kohlenhydrate zu sich zu nehmen.

Essen Sie Gemüse und Obst dann, wenn es Saison hat und darüber hinaus auch noch aus Ihrer Region kommt – so kriegen Sie alle Nährstoffe in Hülle und Fülle, die Ihre Zellen frisch und putzmunter machen. Hochwertiges und sättigendes Eiweiß bekommen Sie aus Hülsenfrüchten sowie artgerecht und nachhaltig gehaltenen Tieren.

TIPPS FÜR DEN EINSTIEG IN DAS INTERVALLFASTEN

Bei jeder Ernährungsumstellung ist der Anfang meist nicht allzu schwer, da Sie hoch motiviert sind, endlich etwas an Ihrer Figur, an Ihrer Fitness oder an Ihrem allgemeinen Wohlbefinden zu verbessern. Doch schnell kommt dann die Erkenntnis, dass der Verzicht zu groß, die Verlockungen zu drängend sind und das schnelle Ergebnis auf sich warten lässt.

- Da kann es helfen, die Sache langsamer, dafür aber nachhaltiger anzugehen. Nehmen Sie sich Zeit und tasten Sie sich in kleinen Schritten an einen neuen Essrhythmus heran.

- Egal, welche Intervallform Sie ausprobieren, Sie sollten über den Tag verteilt immer reichlich trinken. Wasser sowieso, auch Infused Water (mit ein paar Früchten oder Kräutern aromatisiertes Wasser), ungesüßter Kräutertee, schwarzer, grüner oder weißer Tee regulieren den Flüssigkeitshaushalt und befrieden den Magen, falls er knurrt. Kaffee (ohne Milch, oder nur gaaaanz wenig) oder eine Tasse heiße Brühe können helfen, den Appetit zu kontrollieren. Rezepte für selbst gemachte Brühen finden Sie ab Seite 26. Früchtetee ist weniger geeignet – denn oft ist den Fertigmischungen Zucker zugesetzt.
- Nehmen Sie sich zum Einstieg für ein paar Tage oder eine Woche vor, wirklich alle Snacks wegzulassen. Wenn Sie sich zu den drei Mahlzeiten gut satt gegessen haben, kann gar kein Hunger aufkommen. Drei Mahlzeiten mit Pausen von vier bis fünf Stunden dazwischen wirken Wunder für Ihren Insulinhaushalt und damit auch für die Entstehung des Hungergefühls. Obst, kleine Eis- oder Kuchenportionen können Sie als Nachtisch, nicht aber zwischendurch essen.

- »Snack, ade« hat gut geklappt? Dann können Sie jetzt am Rhythmus arbeiten. Lassen Sie zwischen zwei der drei Mahlzeiten zwölf Stunden Pause – schon sind Sie im 12:12-Modus.
- Diese zwölf Stunden nahrungsfreie Zeit können Sie Schritt für Schritt erweitern. Um 30 Minuten täglich oder eine Stunde. Manchmal kommt vielleicht etwas dazwischen – eine Einladung, eine Feier, der lang ersehnte Urlaub. Kein Problem, wenn Sie den gewählten Rhythmus einmal nicht ganz einhalten – Sie machen am nächsten Tag oder nach dem Urlaub einfach wieder weiter.
- Die meisten Menschen kommen am besten damit klar, das Abendessen vor die Fastenstunden zu legen. Nach zwölf oder mehr Stunden gibt es dann Frühstück oder schon Mittagessen. Weil Sie mehr als die Hälfte der Zeit ohnehin schlafen, erscheint die Fastenzeit recht kurz. Wenn Sie also im 12:12-Modus um 19 Uhr ein eiweißreiches Abendessen zu sich nehmen, können Sie um 7 Uhr morgens frühstücken. Deal?
- Essen Sie Ihre Mahlzeiten bewusst und nicht nebenher. Sie erleben ein besseres Sättigungsgefühl und sind auf die nächsten snackfreien Stunden besser vorbereitet.
- Achten Sie darauf, dass Ihre letzte Mahlzeit vor dem 12-,14- oder 16-stündigen Fasten sehr eiweißreich ist. Das sind die meisten Low-Carb-Rezepte ohnehin, deshalb ergänzen sich die beiden Ernährungskonzepte so vorteilhaft! Eiweiß sättigt lange, was vermeidet, dass Sie zum Beispiel vor dem Schlafengehen noch unbedingt etwas naschen wollen. Außerdem schützt eine eiweißreiche Mahlzeit vor dem Abbau von Muskelmasse.
- Seien Sie aktiv! Arbeit, Sport, Kino – was auch immer. Das lenkt von Gedanken an Essen und Snacken ab!
- Entspannen Sie! Ständige Hochspannung ruft das Stresshormon Cortisol auf den Plan. Ein Zuviel davon durchkreuzt alle Abnehmpläne!

FÜR DEN NOTFALL: BRÜHE UND SNACKS

Eigentlich sind weder bei Low Carb noch im Fastenintervall Snacks zwischendurch vorgesehen, denn wie bereits gesagt wird kein Fett abgebaut, solange Insulin im Blut ist, weil Sie Kohlenhydrate zu sich genommen haben.

Was aber tun, wenn der Hunger quält und keinen anderen Gedanken mehr zulässt? Fragen Sie sich erst einmal: Ist es wirklich Hunger? Oder habe ich nur Appetit auf eine der gewohnten kleinen Mahlzeiten zwischendurch?

Zunächst können Sie versuchen, Ihren knurrenden Magen mit einem Glas Wasser zu besänftigen – oder mit einer Tasse heiße Brühe. Die Brühe darf ein Instant-Produkt sein (möglichst Bio) oder besser noch eine selbst gemachte Brühe.

PASTE FÜR GEMÜSEBRÜHE

Für ca. 60 Portionen (3 Gläser à 200 ml)
Pro Portion (1 EL): 0 Punkte, 10 kcal, 0 g E, 1 g F, 1 g KH

- 200 g Brokkoli
- 200 g Fenchel
- 250 g Möhren
- 200 g Tomaten
- 150 g Grünkohl
- 100 g Zwiebel
- 1 Knoblauchzehe
- 1 Stück Ingwer (haselnussgroß)
- 50 g braune Champignons
- 15 g frische Kräuter (z. B. Petersilie, Thymian und Oregano)
- 100 g grobes Meersalz
- 2 TL Kurkuma
- ½–1 TL schwarzer Pfeffer
- 2 EL Olivenöl
- 50 ml Wasser

1. Das Gemüse waschen, putzen und grob zerschneiden. Zwiebel schälen und grob klein schneiden. Knoblauchzehe und Ingwer schälen. Champignons mit Küchenpapier abreiben und halbieren. Die Kräuter waschen, trocken schütteln und die Blätter von den Stängeln zupfen.
2. Brokkoli, Fenchel, Möhren, Zwiebel, Knoblauch und Ingwer in 2 Portionen in den Mixtopf geben und mit aufgesetztem Messbecher jeweils **5 Sekunden/Stufe 5** zerkleinern. In eine Schüssel umfüllen. Grünkohl, Champignons, Tomaten und Kräuter in den Mixtopf geben und mithilfe des Spatels **5 Sekunden/Stufe 5** zerkleinern. Mit dem Spatel nach unten schieben und das übrige Gemüse wieder dazugeben.
3. Salz, Kurkuma, Pfeffer, Olivenöl und Wasser dazugeben, den Gareinsatz als Spritzschutz auf den Deckel stellen und alles **30 Minuten/120 °C/Stufe 2** einkochen. Eventuell zwischendurch mit dem Spatel nach unten schieben.
4. Messbecher aufsetzen und das Ganze **25 Sekunden/Stufe 8–10** ansteigend zu einer cremigen Paste pürieren. In vorbereitete Schraubgläser füllen, fest verschließen und kopfüber abkühlen lassen. Im Kühlschrank aufbewahren.

Tipp: Je nach Saison und Laune können auch andere Gemüsesorten zur Paste verarbeitet werden. Es sollte immer ca. 1 kg Gemüse ergeben. Harte und blättrige Gemüsesorten am besten getrennt zerkleinern. Für mehr Pilzaroma können Sie zusätzlich 15 g getrocknete Steinpilze etwa 20 Minuten in 50 ml lauwarmem Wasser einweichen und in Punkt 4 mit dem Einweichwasser in den Mixtopf geben.

Info: Die Paste hält sich bis zu 3 Monate im Kühlschrank. Für eine Brühe nehmen Sie jeweils 1 gehäuften EL für 500 ml Wasser. Sie können die Paste überall dort zum Einsatz bringen, wo in den Rezepten Gemüsebrühe steht, können aber auch Saucen damit verfeinern.

Wenn Ihr Heißhunger nach etwas Herzhafterem verlangt: Im Folgenden haben wir Snacks aufgeführt, die so gut wie keine Kohlenhydrate enthalten, aber viele Proteine. Sie weisen aber dennoch nur um die 100 kcal auf, sodass Sie kein schlechtes Gewissen haben müssen, wenn Sie da mal zugreifen. Kleine Portionen Nüsse können Sie außerdem immer bei sich haben und gaaaaanz langsam Stück für Stück genüsslich kauen. Das »ganz langsam« gilt auch für die Snacks: kleine Bissen nehmen, gründlich kauen – dann haben Sie das Gefühl, wirklich etwas zu essen.

Sellerie mit Nüssen

1 Stängel Staudensellerie (50 g)

+ 15 g Erdnüsse

0 Punkte, 102 kcal, 3 g KH; 7 g F, 5 g E

Roastbeef mit Walnusskernen

1 Scheibe Roastbeef (25 g)

+ 10 g Walnusskerne

1 Punkt, 102 kcal, 1 g KH, 7 g F, 7 g E

Roastbeef mit Essiggürkchen

2 Scheiben Roastbeef (50 g)

+ 2 Essiggürkchen

1 Punkt, 87 kcal, 4 g KH, 3 g F, 11 g E

Parmaschinken mit Cashewkernen

2 Scheiben Parmaschinken (20 g)

+ 10 g Cashewkerne

1 Punkt, 107 kcal, 3 g KH, 7 g F, 7 g E

Bergkäse mit Salatgurke

20 g Bergkäse

+ 100 g Salatgurke

1 Punkt, 96 kcal, 2 g KH, 7 g F, 7 g E

Paprika mit Parmesanflocken

20 g Parmesanflocken

+ 1/2 Paprikaschote (100 g)

1 Punkt, 97 kcal, 7 g KH, 6 g F, 8 g E

Hüttenkäse mit Haselnüssen

2 EL Hüttenkäse (40 g)

+ 10 g gehackte Haselnüsse

0 Punkte, 104 kcal, 2 g KH, 9 g F, 6 g E

Büffel-Mozzarella mit Radieschen

30 g Büffel-Mozzarella

+ 100 g Radieschen

1 Punkt, 97 kcal, 3 g KH, 6 g F, 7 g E

Harzer Käse mit Cherry-Tomaten

75 g Harzer Käse

+ 75 g Cherry-Tomaten

0 Punkte, 107 kcal, 3 g KH, 0 g F, 24 g E

Putenbrust mit Staudensellerie

75 g Putenbrust, geräuchert

+ 1 Stängel Staudensellerie (50 g)

0 Punkte, 86 kcal, 2 g KH, 2 g F, 16 g E

Lachsschinken mit Kürbiskernen

30 g Lachsschinken

+ 10 g Kürbiskerne

1 Punkt, 91 kcal, 1 g KH, 6 g F, 7 g E

PASTE FÜR HÜHNERBRÜHE

Für ca. 60 Portionen (3 Gläser à 200 ml)
Pro Portion (1 EL): 0 Punkte, 14 kcal, 2 g E, 1 g F, 0 g KH

1 Hähnchenkeule oder Hähnchenbrust (ca. 400 g)
1 große Zwiebel
150 g Möhren
100 g Petersilienwurzel
75 g Knollensellerie
1 Stange Lauch
1–2 Knoblauchzehen
2 Stängel glatte Petersilie
2 EL Rapsöl
2 Lorbeerblätter
1 TL gemahlener weißer Pfeffer
25 g grobes Meersalz
50 ml Wasser

1. Das Hähnchenfleisch von der Haut befreien. Fleisch in etwa 2 cm große Würfel schneiden und auf einem gefrierfesten Teller ausgebreitet 30 Minuten in den Tiefkühler geben.
2. In der Zwischenzeit die Zwiebel abziehen und vierteln. Möhren, Petersilienwurzel und Knollensellerie schälen, putzen und grob zerschneiden. Lauch putzen, gründlich waschen und grob zerteilen. Knoblauch schälen. Petersilie waschen, trocken schütteln und mit den Stängeln grob hacken.
3. Das leicht gefrorene Fleisch in 2 Portionen in den Mixtopf geben und mit aufgesetztem Messbecher jeweils **10 Sekunden/Stufe 6** zerkleinern. In eine Schüssel umfüllen. Mixtopf nicht spülen.
4. Das vorbereitete Gemüse und die Petersilie mit dem Öl in den Mixtopf geben und mit aufgesetztem Messbecher **10 Sekunden/Stufe 5** zerkleinern. Mit dem Spatel nach unten schieben und **5 Minuten/100 °C/Stufe 2,5** andünsten.
5. Fleisch, Gewürze und Wasser dazugeben und offen 30 Minuten/100 °C/Stufe 2 einkochen. Dabei das Garkörbchen als Spritzschutz auf den Deckel stellen. Lorbeerblätter herausfischen.
6. Mit aufgesetztem Messbecher alles **40 Sekunden/Stufe 8–10** ansteigend zu einer Paste mixen und heiß in vorbereitete Schraubgläser füllen. Gleich fest verschließen und abgekühlt im Kühlschrank aufbewahren. Hält sich ungeöffnet 2–3 Monate.

Tipp: Je nach gewünschter Intensität rühren Sie für eine Hühnerbrühe 1 oder 2 EL Brühepaste in 500 ml kochendes Wasser ein.

FRÜHSTÜCK, BRUNCH UND LUNCH

Wir haben die Morgen- und Mittagsmahlzeiten zu einem Kapitel zusammengefasst. Egal, ob Sie sich mit drei Mahlzeiten täglich im Low-Carb-Modus, im Rhythmus des Intervallfastens oder nach Punkten der Weight Watchers® ernähren wollen – hier finden Sie Rezepte für zu Hause, zum Mitnehmen und für das Brunch-Buffet.

BLUMENKOHLAUFSTRICH

Für ca. 15 Portionen

Pro Portion (2 EL): 1 Punkt, 51 kcal, 3 g E, 4 g F, 1 g KH

2 Schalotten
1 Knoblauchzehe
1 EL Rapsöl
250 g Blumenkohl
150 ml Wasser
50 g Mandelmehl
50 g gemahlene Mandeln
Salz, Pfeffer
etwas Zitronensaft
50 ml Schlagsahne

1. Die Schalotten abziehen und halbieren. Die Knoblauchzehe schälen. Beides zusammen mit dem Öl in den Mixtopf geben, den Messbecher aufsetzen und **5 Sekunden/Stufe 5** zerkleinern. Mit dem Spatel nach unten schieben und **3 Minuten/120 °C/Stufe 1** andünsten.
2. Den Blumenkohl waschen, in Röschen teilen und in den Mixtopf geben. Das Wasser angießen und Blumenkohl in **16–17 Minuten/100 °C/Stufe 1** sehr weich kochen.
3. Mandelmehl und gemahlene Mandeln dazugeben und alles **15 Sekunden/Stufe 6** pürieren. (Messbecher!)
4. Creme mit Salz, Pfeffer und Zitronensaft abschmecken und die Sahne **4 Sekunden/Stufe 3** untermischen. Aufstrich in eine Schüssel umfüllen oder zum Aufbewahren in ein Schraubglas geben. Hält sich ca. 3–4 Tage im Kühlschrank.

PAPRIKAAUFSTRICH

Für ca. 15 Portionen

Pro Portion (2 EL): 1 Punkt, 44 kcal, 1 g E, 3 g F, 3 g KH

50 g Sonnenblumen- oder Cashewkerne
2 Schalotten
1–2 Knoblauchzehen
1 EL Olivenöl
je 1 rote und gelbe Paprikaschote (à ca. 250 g)
200 g Fleischtomaten
1 Pck. Zitronensäure
Salz, Pfeffer
etwas weißer Balsamessig

1. Die Sonnenblumenkerne in den Mixtopf geben und mit aufgesetztem Messbecher **8 Sekunden/Stufe 7** zerkleinern. In eine kleine Schüssel umfüllen.
2. Die Schalotten abziehen und halbieren. Die Knoblauchzehen schälen. Beides in den Mixtopf geben 5 Sekunden/Stufe 5 zerkleinern. (Messbecher!) Mit dem Spatel nach unten schieben, das Öl dazugeben und **3 Minuten/120 °C/Stufe 1** andünsten.
3. In der Zwischenzeit die Paprikaschoten waschen, putzen und grob zerschneiden. Die Tomaten waschen, halbieren und die Stielansätze entfernen. Das Gemüse in den Mixtopf geben und **10 Sekunden/Stufe 5** zerkleinern. Nach unten schieben, Zitronensäure dazugeben und Aufstrich mit dem Garkörbchen als Spritzschutz **25–30 Minuten/100 °C/Stufe 1,5** einkochen. Zwischendurch das Kochgut eventuell nochmals nach unten schieben und die Dicke des Aufstrichs kontrollieren. Bei Bedarf 2–3 EL Wasser hinzufügen.

4. Die Sonnenblumenkerne **5 Sekunden/Stufe 4** unterrühren und die Paste mit Salz, Pfeffer und Balsamessig abschmecken.
5. 2 Gläser mit Schraubverschluss (à 200 g) heiß ausspülen, den Aufstrich einfüllen, verschließen und kopfüber erkalten lassen.

BROKKOLIAUFSTRICH

Für ca. 30 Portionen
Pro Portion (1 EL): 1 Punkt, 26 kcal, 1 g E, 2 g F, 1 g KH

400 g Brokkoli
1 l Wasser
1 Knoblauchzehe
30 g Pinienkerne
½ Zitrone
20 g frisches Basilikum
50 ml Olivenöl
Salz, Pfeffer

1. Brokkoli waschen und die Röschen abschneiden. Den Stiel schälen, putzen und grob zerkleinern. Beides in das Garkörbchen legen.
2. Wasser in den Mixtopf geben, Garkörbchen einhängen und Brokkoli **20 Minuten/100 °C/Rührstufe** dämpfen, bis auch die Stiele weich sind. Mixtopf ausleeren.
3. In der Zwischenzeit Knoblauch abziehen. Pinienkerne in einer beschichteten Pfanne ohne Fett goldgelb rösten. Die halbe Zitrone auspressen. Basilikum waschen, trocken schütteln und die Blätter von den Stängeln zupfen.
4. Nach Belieben einige Pinienkerne und Basilikumblätter zum Garnieren beiseitelegen. Alle übrigen Zutaten (außer Salz und Pfeffer) in den Mixtopf geben und **20 Sekunden/Stufe 6** zu einer geschmeidigen Creme pürieren.
5. Creme mit Salz und Pfeffer abschmecken, zum Servieren in eine Schüssel umfüllen und mit den restlichen Pinienkernen und Basilikumblättern bestreuen.

Tipp: In ein Schraubglas gefüllt, können Sie das Pesto mindestens eine Woche im Kühlschrank aufbewahren. Am besten mit einer dünnen Ölschicht bedecken.

AUBERGINENAUFSTRICH

Für ca. 25 Portionen

Pro Portion (20 g): 1 Punkt, 18 kcal, 0 g E, 2 g F, 1 g KH

800 g Auberginen
Salz
2 Knoblauchzehen
½–1 rote Peperonischote
50 g Olivenöl
100 g Rispentomaten
4 Zweige glatte Petersilie
100 ml Gemüsebrühe
Pfeffer

1. Die Auberginen waschen, putzen, in etwa 1,5 cm dicke Scheiben schneiden, auf beiden Seiten mit Salz bestreuen und 20 Minuten Wasser ziehen lassen.
2. Die Knoblauchzehen schälen. Die Peperonischote waschen, putzen, längs halbieren und die Kerne entfernen. Beides in den Mixtopf geben und mit aufgesetztem Messbecher **3 Sekunden/Stufe 5** zerkleinern. Mit dem Spatel nach unten schieben und den Vorgang wiederholen.
3. Die Auberginenscheiben mit Küchenpapier trocken tupfen und mit dem Öl in den Mixtopf geben. **10 Minuten/100 °C/Stufe 2** andünsten.
4. In der Zwischenzeit die Tomaten waschen und vierteln. Die Petersilie waschen, trocken schütteln und die Blätter von den Stängeln zupfen.
5. Tomaten und Gemüsebrühe in den Mixtopf dazugeben und **10 Minuten/100 °C/Stufe 2** weich kochen.
6. Sauce nach Belieben **einige Sekunden/Stufe 4** pürieren oder stückig lassen. Mit Salz und Pfeffer abschmecken, in die Gläser füllen und Petersilie obenauf streuen.

Tipp: Passt aufs Brot, aber auch wunderbar zu gegrilltem Geflügel und Lamm. Die Auberginensauce verträgt es gut, wenn sie 1–2 Tage in einem verschlossenen Glas im Kühlschrank durchziehen kann.

BÄRLAUCHAUFSTRICH

Für ca. 24 Portionen (600 ml)

Pro Portion (2 EL): 5 Punkte, 146 kcal, 2 g E, 15 g F, 0 g KH

- 150 g Bärlauch
- 75 g Pecorino oder Parmesan
- 75 g Walnusshälften
- 1–2 TL abgeriebene Schale einer Bio-Zitrone
- 300 ml Olivenöl
- Salz, Pfeffer

1. Den Bärlauch gut waschen, verlesen und die Stiele entfernen. Gut abtropfen lassen oder in einer Salatschleuder trocknen.
2. Den Käse in Stücke schneiden, in den Mixtopf geben und mit aufgesetztem Messbecher **10 Sekunden/ Stufe 8** reiben. In eine Schüssel umfüllen.
3. Die Walnusshälften in einer beschichteten Pfanne ohne Fett rösten.
4. Walnüsse, Zitronenschale, Olivenöl und Bärlauch in den Mixtopf geben und alles **25 Sekunden/Stufe 6,5** (Messbecher!) zu einer Creme verrühren. Eventuell zwischendurch mit dem Spatel nach unten schieben.
5. Creme in die Schüssel zum Käse geben, gut verrühren und 1–2 Stunden ziehen lassen. Erst dann mit Salz und Pfeffer abschmecken.
6. Aufstrich möglichst blasenfrei in heiß gespülte Gläser füllen und zum Aufbewahren mit einer dünnen Ölschicht bedecken.

Tipp: Damit der Aufstrich länger haltbar bleibt, sollte man immer nach Gebrauch wieder eine dünne Schicht Olivenöl daraufgießen.

Tipp für das Punktekonto: Auch mit der Hälfte des Öls wird es noch ein feines Pesto. Es hat dann nur 3 Punkte bei etwas flacheren Esslöffeln.

ROTE-BETE-AUFSTRICH

Für ca. 15 Portionen

Pro Portion (2 EL): 1 Punkt, 89 kcal, 3 g E, 7 g F, 3 g KH

300 g rohe Rote Bete
2 Knoblauchzehen
½ Orange (am besten Blutorange)
150 g ganze, geschälte Mandeln
1 TL gemahlener Kreuzkümmel
2 EL Olivenöl
Salz, Pfeffer
2 Stängel glatte Petersilie

1. Die Roten Beten mit einem Sparschäler schälen, putzen und grob würfeln. Ziehen Sie dazu Einmalhandschuhe an, wenn Sie nicht für Stunden rote Hände haben wollen.
2. Die Knoblauchzehen abziehen. Die Orange auspressen.
3. Die Roten Beten mit dem Knoblauch in den Mixtopf geben und mit aufgesetztem Messbecher **7 Sekunden/Stufe 6** zerkleinern. Mandeln, Kreuzkümmel, Olivenöl und Orangensaft dazugeben und **30 Sekunden/Stufe 5–7** ansteigend zu einer geschmeidigen Paste verarbeiten. Je nach gewünschter Konsistenz noch etwas Orangensaft hinzufügen – das Gemüse enthält mal mehr, mal weniger Wasser.
4. Aufstrich mit Salz und Pfeffer kräftig abschmecken und in eine Schüssel umfüllen. Wenn Sie den Aufstrich gleich servieren: Petersilie waschen, trocken schütteln, die Blätter von den Stielen zupfen und auf dem Aufstrich verteilen.

Tipp: Im Schraubglas hält sich der Aufstrich 2–3 Tage im Kühlschrank. Er ist nicht nur auf Low-Carb-Broten lecker – Sie können ihn auch zu gegrilltem oder gebratenem Fleisch oder Fisch reichen.

AVOCADOCREME MIT RUCOLA

Für 10 Portionen

Pro Portion (2 EL): 2 Punkte, 109 kcal, 5 g E, 9 g F, 2 g KH

- 30 g ganze, geschälte Mandeln
- 40 g Parmesan
- 1 Avocado
- 25 g Rucola
- 200 g Frischkäse (20% Fett)
- 2 EL Olivenöl
- Salz, Pfeffer
- Zitronensaft

Tipp: Gut passen zu dieser Creme auch Chiasamen. Einfach zusammen mit den Mandeln verarbeiten.

1. Nach Belieben die Mandeln in einer beschichteten Pfanne ohne Fett goldgelb rösten. Mit dem Parmesan in den Mixtopf geben und mit aufgesetztem Messbecher **10 Sekunden/Stufe 8** zerkleinern.
2. Die Avocado halbieren, Kern entfernen und Fruchtfleisch mit einem Löffel aus der Schale heben. Den Kern aufbewahren. Den Rucola waschen, trocken schütteln und grob hacken.
3. Avocado, Rucola, Frischkäse und Olivenöl in den Mixtopf geben und alles zusammen **15 Sekunden/Stufe 5** zu einer feinen Creme verarbeiten. Mit Salz, Pfeffer und Zitronensaft pikant abschmecken.
4. Avocadocreme in eine Schüssel umfüllen und gleich auf zum Beispiel Möhrenbrot (Seite 44) genießen oder mit dem Kern in ein Schraubglas füllen (der Kern verhindert, dass sich die Avocadocreme verfärbt) und 1–2 Tage im Kühlschrank aufbewahren.

CHIAPUDDING MIT GRANATAPFELKERNEN

Für 2 Portionen

Pro Portion: 7 Punkte, 243 kcal, 12 g E, 16 g F, 6 g KH

30 g Chiasamen
30 g gemahlene Mandeln
200 ml ungezuckerter Mandeldrink
½ reifer Granatapfel (ca. 30 g Kerne)
100 g Quark (20 % Fett)
Süßstoff nach Belieben

1. Die Chiasamen mit den gemahlenen Mandeln und dem Mandeldrink in einer Schüssel verrühren und 1 Stunde (oder länger, zum Beispiel über Nacht) quellen lassen.
2. Den Granatapfel halbieren und die Kerne herauslösen. Dazu die Frucht mit der Schnittfläche nach unten über eine Schüssel halten. Mit einem Kochlöffel erst mit der Breitseite, dann mit der schmalen Seite auf die Schale klopfen. Schon fallen die Kerne heraus!
3. Die Chiasamen-Mischung in den Mixtopf geben und mit dem Quark und Süßstoff nach Belieben **15 Sekunden/Stufe 2 linksdrehend** glatt rühren.
4. 2 Gläser oder kleine Schüsseln mit der Masse füllen und die restliche Quarkmasse mit den Granatapfelkernen vermischt darübergeben.

Info: Chiasamen enthalten reichlich Antioxidantien, Proteine, Ballast- und Mineralstoffe. Vollgepackt mit Omega-3-Fettsäuren, übertreffen sie sogar Lachs und Co. Da sie im Magen weiter aufquellen, machen sie länger satt und helfen beim Abnehmen. Sie passen in alle Flüssigkeiten – so auch in Smoothies und Suppen. Einfach reinstreuen und Gesundes genießen.

Tipp: Wenn es gehaltvoller und sättigender sein soll, einfach Hirse- oder Haferflocken in einer beschichteten Pfanne rösten und zwischen den Quark schichten. Dadurch kommen zwar Kohlenhydrate dazu, das spielt aber beim Intervallfasten keine so große Rolle.

Tipp für das Punktekonto: Ist mal Punktesparen notwendig, lassen Sie einfach die gemahlenen Mandeln weg. Der Pudding schlägt dann mit nur 4 Punkten zu Buche.

MANDELMUS

Für 15 Esslöffel à 25 g
Pro Portion: 4 Punkte, 159 kcal, 1 g KH, 14 g F, 6 g E

400 g ungeschälte Mandeln

1. Die Mandeln in den Mixtopf geben und mit aufgesetztem Messbecher **30 Sekunden/Stufe 10** fein mahlen.
2. Insgesamt **30 Minuten/Stufe 4** rühren, bis eine cremige Masse entsteht. Gehen Sie dabei in 5-Minuten-Schritten vor, denn die Mandeln sollen sich durch die Reibung nicht über eine Temperatur von 40 °C erhitzen. Zwischendurch die Masse immer wieder abkühlen lassen.
3. Am Schluss nach Belieben und Verwendungszweck mit etwas Salz oder Süßstoff verrühren. Gut verschlossen im Schraubglas hält sich das Mandelmus mindestens 4 Monate.

Tipp 1: Geschälte Mandeln können Sie im Backofen bei 150 °C etwa 20 Minuten leicht anrösten – so wird das Aroma intensiver. Das Mandelmus passt gut aufs Brot, in Smoothies oder ins Müsli.

Tipp 2: Wenn Sie weißes Mandelmus herstellen wollen, müssen Sie die Mandeln schälen: Dazu Mandeln in einem Topf mit kochendem Wasser 1 Minute blanchieren, durch ein Sieb abgießen und abkühlen lassen – dann lässt sich die Haut ganz leicht entfernen.

KAKAO-MANDELCREME

Für 8 Esslöffel à 25 g
Pro Portion: 3 Punkte, 51 kcal, 2 g E, 4 g F, 1 g KH

- 100 g Mandelmus (Rezept siehe Seite 42)
- 100 g Frischkäse (20 % Fett)
- 10 g schwach entöltes Kakaopulver
- 1 TL gemahlene Vanille
- Süßstoff nach Belieben
- Salz

1. Mandelmus, Frischkäse, Kakaopulver und Vanille in den Mixtopf geben und **10 Sekunden/Stufe 3** verrühren.
2. Mit Süßstoff nach Belieben und etwas Salz würzen.

Tipp: Die Creme hält sich im Schraubglas im Kühlschrank etwa 2 Wochen. Sie können sie zum Beispiel auf Brot streichen oder mit Milch verdünnt kalt oder warm trinken.

MÖHRENBROT

Für ca. 12 Scheiben

Pro Scheibe: 3 Punkte, 170 kcal, 5 g E, 14 g F, 4 g KH

250 g Möhren
50 g Leinsamen
25 g Flohsamenschalen
120 g Walnüsse
4 Eier, Größe M
½ Pck. Backpulver
1 TL Salz
1 TL gemahlener Kreuzkümmel
2 EL Rapsöl

1. Den Backofen auf 120 °C Ober-/Unterhitze (Umluft 100 °C) vorheizen. Die Möhren schälen, putzen, grob zerschneiden und in den Mixtopf geben. Mit aufgesetztem Messbecher **4 Sekunden/Stufe 4** zerkleinern.
2. Ein Backblech mit Backpapier belegen und die Möhren gleichmäßig darauf verteilen. Möhren auf der mittleren Schiene bei angelehnter Ofentür (einen Holzkochlöffel in die Ofentür klemmen, damit die Feuchtigkeit entweichen kann) 30 Minuten trocknen und danach abkühlen lassen. Mixtopf nicht spülen. Backofenhitze auf 180 °C (Umluft 160°C) erhöhen.
3. Leinsamen und Flohsamenschalen in den Mixtopf geben und **10 Sekunden/Stufe 8** schroten. (Messbecher!)
4. Die Walnüsse dazugeben und **2 x 3 Sekunden/Stufe 4** zerkleinern. Dazwischen mit dem Spatel umrühren, damit die größeren Stücke wieder in die Mitte kommen.
5. Die übrigen Zutaten dazugeben und alles in 2 Minuten/Knetstufe zu einem Teig verarbeiten.
6. Eine Kastenform dünn einfetten oder mit Backpapier auslegen, den Teig hineingeben und auf der mittleren Schiene im Ofen 45 Minuten backen. Das Brot ist fertig, wenn beim Hineinstechen mit einem Holzstäbchen kein Teig mehr daran kleben bleibt.
7. Brot im ausgeschalteten Backofen auskühlen lassen, dann aus der Form heben und lauwarm oder ganz ausgekühlt servieren.

ZUCCHINIBROT

Für 12 Scheiben

Pro Scheibe: 3 Punkte, 134 kcal, 7 g E, 11 g F, 1 g KH

250 g Zucchini
Salz
100 g Gouda
4 Stängel glatte Petersilie
3 Eier, Größe M
150 g gemahlene Mandeln
1 ½ TL Weinsteinbackpulver
etwas Fett für die Form

1. Die Zucchini waschen, putzen, grob in Stücke schneiden und mit aufgesetztem Messbecher **3 Sekunden/Stufe 4** raspeln. In eine Schüssel umfüllen, kräftig salzen und 10 Minuten stehen lassen.
2. Den Backofen auf 180 °C Ober-/Unterhitze (Umluft 160 °C) vorheizen.
3. Den Gouda grob zerschneiden, in den Mixtopf geben und **8 Sekunden/Stufe 8** reiben. (Messbecher!) Die Petersilie waschen, trocken schütteln, die Blättchen von den Stängeln zupfen und in den Mixtopf geben. Die Zucchini gut ausdrücken und ebenfalls dazugeben.
4. Eier, gemahlene Mandeln und Backpulver in den Mixtopf geben und alles in **10 Sekunden/Stufe 4** zu einem glatten Teig rühren.
5. Eine Kastenform (ca. 25 cm Länge) einfetten, den Teig hineinfüllen, darin verstreichen und 35–40 Minuten im vorgeheizten Backofen goldgelb backen. Nach 30 Minuten mit einem Holzstäbchen die Garprobe machen: Wenn kein Teig mehr daran kleben bleibt, ist das Brot fertig.
6. Brot in der Form lauwarm oder ganz auskühlen lassen und dann stürzen.

Tipp: Das Zucchinibrot schmeckt wunderbar ganz frisch lauwarm zum Beispiel zu einem Salat oder komplett ausgekühlt mit Wurst oder Käse belegt. Sie können es auch gut zum Lunch mitnehmen. Wegen der enthaltenen Eier sollten Sie es im Kühlschrank aufbewahren.

SOUFFLÉ-PANCAKES

Für 12 Stück
Pro Stück: 2 Punkte, 89 kcal, 5 g E, 7 g F, 1 g KH

250 g Quark (20 % Fett)
4 Eier, Größe M
50 g Mandelmehl
1 Pck. Backpulver
6 flache TL Kokosöl

1. Den Backofen auf 80 °C Ober-/Unterhitze (Umluft 60 °C) vorheizen.
2. Quark, Eier, Mandelmehl und Backpulver in den Mixtopf geben und **20 Sekunden/Stufe 4,5** mit aufgesetztem Messbecher verrühren, dann den Teig in eine Schüssel umfüllen.
3. Jeweils ½ TL Kokosöl in einer kleinen Pfanne (ca. 11 cm Bodendurchmesser) schmelzen, 1 kleine Kelle Teig hineingeben und bei sehr milder Hitze stocken lassen, bis sich an der Oberfläche Löcher zeigen.
4. Pancake behutsam wenden (am besten geht das mit einem Silikon-Pfannenwender) und kurz fertig backen. Auf einen Teller geben und im Backofen warm halten, bis alle 12 Pancakes gebacken sind.

Tipp: Die fluffigen Pancakes schmecken gut mit geräuchertem Lachs und Schmand, aber auch mit frischem Beerenobst. Sie können sie auch kalt und zu Röllchen geformt mitnehmen.

BEERENOBST MIT CHIAJOGHURT

Für 4 Portionen

Pro Portion: 3 Punkte, 109 kcal, 4 g E, 4 g F, 10 g KH

- 200 g Naturjoghurt, 3,5 % Fett
- 30 g Chiasamen
- 250 g Beerenobst nach Belieben
- 1 EL Honig oder Dattelsirup
- 1–2 EL Zitronensaft
- 1 Stängel frische Minze

1. Den Joghurt mit den Chiasamen verrühren und 30 Minuten – besser aber über Nacht – quellen lassen.
2. Die Beeren behutsam waschen, verlesen und gut abtropfen lassen. Einige Früchte zum Garnieren beiseitelegen, die restlichen Beeren mit dem Honig in den Mixtopf geben, den Messbecher aufsetzen und **2 Sekunden/Stufe 3** zerkleinern.
3. Beerenpüree mit Zitronensaft abschmecken und in vier hohe Gläser füllen. Die Minze waschen, trocken schütteln und einige Blätter abzupfen.
4. Chiajoghurt auf das Beerenpüree löffeln, die restlichen Beeren obenauf geben und Joghurt mit Minzeblättern garniert servieren.

Tipp: Wenn Sie Ihr Frühstück etwas gehaltvoller mögen, lassen Sie 2 EL Hirseflocken oder Braunhirse in 50 ml Milch quellen und mischen sie nach dem Zerkleinern 3 Sekunden/Stufe 3 unter die Früchte.

SPINAT-PANCAKES

Für 8 Stück

Pro Stück: 3 Punkte, 152 kcal, 9 g E, 11 g F, 3 g KH

40 g Parmesan
2 Schalotten
2 Knoblauchzehen
1 EL Olivenöl
200 g frischer Spinat
150 g Quark (20 % Fett)
3 Eier, Größe M
75 g Mandelmehl
1 Pck. Backpulver
etwas frisch geriebene Muskatnuss
Salz, Pfeffer

1. Den Backofen auf 180 °C Ober-/Unterhitze (Umluft 160 °C) vorheizen.
2. Den Parmesan in den Mixtopf geben und mit aufgesetztem Messbecher **10 Sekunden/Stufe 10** fein reiben. In eine Schüssel umfüllen und beiseitestellen. Mixtopf nicht spülen.
3. Die Schalotten abziehen und halbieren. Die Knoblauchzehen schälen. Beides zusammen mit dem Öl in den Mixtopf geben und **5 Sekunden/Stufe 5** zerkleinern. (Messbecher!) Mit dem Spatel nach unten schieben und **3 Minuten/120 °C/Stufe 1,5** andünsten.
4. Den Spinat waschen, verlesen und sehr gut abtropfen lassen oder trocken schleudern, sonst wird der Teig zu dünn. In den Mixtopf geben und zugedeckt **3 Minuten/80 °C/Stufe 1,5** dünsten. Dann mithilfe des Spatels **3 Sekunden/Stufe 4,5** zerkleinern. Mit dem Spatel nach unten schieben.
5. Quark, Eier, Mandelmehl, Backpulver, Parmesan und Gewürze dazugeben und **20 Sekunden/Stufe 3 linksdrehend** verrühren.
6. Ein Backblech mit Backpapier auslegen, acht Kellen Teig daraufsetzen und 20–25 Minuten im Ofen backen, bis die Ränder goldgelb sind.

Tipp: Pancakes übrig geblieben? In einer beschichteten Pfanne mit ein wenig Öl von beiden Seiten knusprig braten. Eignet sich auch gut zum Mitnehmen.

KRÄUTER-FRITTATA MIT TOMATEN UND RUCOLA

Für 4 Portionen

Pro Portion: 9 Punkte, 331 kcal, 13 g E, 27 g F, 6 g KH

2 Schalotten
50 g frische Kräuter
25 g Butter
150 ml Schlagsahne
75 g Frischkäse (20 % Fett)
6 Eier, Größe M
Salz, Pfeffer
etwas Fett für die Form
1 EL Olivenöl
2 EL weißer Balsamessig
200 g Cocktailtomaten
50 g Rucola

1. Den Backofen auf 180° Ober-/Unterhitze (Umluft 160°C) vorheizen.
2. Die Schalotten abziehen und vierteln. Die Kräuter waschen, mit Küchenpapier trocken tupfen und die Blätter von den Stängeln zupfen.
3. Schalotten und Kräuter in den Mixtopf geben und mit aufgesetztem Messbecher **5 Sekunden/Stufe 5** zerkleinern. Mit dem Spatel nach unten schieben, die Butter dazugeben und alles **4 Minuten/100 °C/ Stufe 1,5** dünsten.
4. Sahne, Frischkäse, Eier, Salz und Pfeffer dazugeben und **45 Sekunden/Stufe 3** verrühren.
5. Die Masse in eine leicht gefettete Form (ca. 25 cm Durchmesser) füllen und im Backofen auf der mittleren Schiene 15–20 Minuten stocken lassen.
6. In der Zwischenzeit in einer Schüssel aus Öl, Essig, Salz und Pfeffer mit dem Schneebesen eine Marinade rühren.
7. Die Tomaten waschen und vierteln. Rucola waschen, trocken tupfen und eventuell die harten Stängel abschneiden. Beides in die Schüssel zur Marinade geben und alles vorsichtig vermischen.
8. Frittata aus dem Backofen nehmen, in 4 Teile schneiden und mit dem Salat garniert servieren.

Tipp: Die Frittata eignet sich auch gut zum Kaltessen und Mitnehmen. Sie können sie vor dem Backen auch mit Schinkenwürfeln oder grob geraspeltem Parmesan bestreuen.

EIERKÜCHLEIN MIT RUCOLA UND SCHAFSKÄSE

Für 4 Portionen (3 Stück pro Portion)

Pro Portion: 8 Punkte, 380 kcal, 25 g E, 27 g F, 9 g KH

1 kleine Zwiebel
1–2 Knoblauchzehen
2 EL Rapsöl
250 g Rucola
4 Stängel Basilikum
20 g Buchweizenmehl
100 g Quark (20 % Fett)
8 Eier, Größe M
Salz, Pfeffer
frisch geriebene Muskatnuss
150 g Schafskäse
etwas Fett für die Form

1. Den Backofen auf 180 °C Ober-/Unterhitze (Umluft 160 °C) vorheizen.
2. Die Zwiebel abziehen und vierteln. Die Knoblauchzehen schälen. Beides mit dem Öl in den Mixtopf geben und mit aufgesetztem Messbecher **3 Sekunden/Stufe 5** zerkleinern. Mit dem Spatel nach unten schieben und **3 Minuten/120 °C/Stufe 1,5** andünsten.
3. In der Zwischenzeit den Rucola waschen, verlesen, eventuell die harten Stiele entfernen und die Blätter grob hacken. Das Basilikum waschen, trocken schütteln und die Blätter von den Stängeln zupfen.
4. Rucola und Basilikum zu den Zwiebeln in den Mixtopf geben und **5 Minuten/100 °C/Stufe 2,5 linksdrehend** andünsten.
5. Buchweizenmehl, Quark, Eier, Salz, Pfeffer und Muskatnuss dazugeben und **10 Sekunden/Stufe 3** vermischen. Ein Muffinblech (12 Vertiefungen) einfetten oder mit Papierförmchen auskleiden.
6. Schafskäse in Würfel schneiden und gleichmäßig auf die Förmchen verteilen. 18–20 Minuten im vorgeheizten Backofen stocken lassen und heiß oder lauwarm servieren.

KÄSE-OMELETTE

Für 2 Portionen

Pro Portion: 14 Punkte, 466 kcal, 30 g E, 37 g F, 4 g KH

80 g alter oder mittelalter Gouda
6 Eier, Größe M
60 ml Schlagsahne
Salz, Pfeffer
20 g Butter

1. Den Backofen auf 80 °C Ober-/Unterhitze (Umluft 60 °C) vorheizen.
2. Die Hälfte des Goudas in dünne Scheiben schneiden und beiseitelegen. Den restlichen Käse grob zerschneiden, in den Mixtopf geben und mit aufgesetztem Messbecher **8 Sekunden/Stufe 8** reiben.
3. Eier, Sahne, Salz und Pfeffer dazugeben und **30 Sekunden/Stufe 4** (Messbecher!) verquirlen.
4. 10 g Butter in einer kleinen beschichteten Pfanne (ca. 16 cm Durchmesser am Boden) schmelzen. Die Hälfte der Eimasse hineingeben und bei mittlerer Hitze 2 Minuten stocken lassen. Die Hälfte der Käsescheiben darauflegen und Omelette zugedeckt weitere 2 Minuten garen.
5. Omelette zusammenklappen, auf einen Teller legen und im Backofen warm halten. Die übrigen Zutaten zu einem zweiten Omelette verarbeiten.

Tipp: Dieses Grundrezept können Sie für eine oder mehrere Portionen abwandeln. Immer gut zur Käse-Eier-Kombination: einige Scheiben Tomaten oder gehackte Kräuter.

Tipp für das Punktekonto: Auch mit halb so viel Gouda wird es noch ein leckeres Omelette – und hat immerhin nur mehr 11 Punkte für ein sättigendes Frühstück.

EIER-MUFFINS

Für 12 Stück

Pro Portion (3 Stück): 6 Punkte, 383 kcal, 25 g E, 27 g F, 9 g KH

- 50 g ungeschälte, ganze Mandeln
- 500 g Fleischtomaten
- 40 g magerer Rohschinken (z. B. von der Pute)
- 200 g Quark (20 % Fett)
- 2 EL Olivenöl + etwas für die Form
- 8 Eier, Größe M
- Salz, Pfeffer
- gemahlener Kreuzkümmel
- 1 EL Schnittlauch in Röllchen

1. Den Backofen auf 200 °C Ober-/Unterhitze (Umluft 180 °C) vorheizen.
2. Die Mandeln in den Mixtopf geben und mit aufgesetztem Messbecher **10 Sekunden/Stufe 8** fein mahlen. In eine Schüssel umfüllen.
3. Tomaten waschen, vierteln und Stielansätze und Kerne entfernen. Das Fruchtfleisch mit Küchenpapier trocken tupfen. Schinken in Streifen schneiden. Beides in den Mixtopf geben und **2 Sekunden/Stufe 4** zerkleinern. (Messbecher!)
4. Quark, Olivenöl, Eier, Mandeln, Salz, Pfeffer und Kreuzkümmel dazugeben und **6 Sekunden/Stufe 3 linksdrehend** vermischen.
5. Ein Muffinblech oder Gratinförmchen dünn mit Öl einfetten, die Masse gleichmäßig darin verteilen und im vorgeheizten Backofen 20 Minuten backen, bis an der Oberfläche eine goldgelbe Kruste entstanden ist.
6. Muffins behutsam – am besten mit einem Löffel – aus den Formen heben und mit Schnittlauch bestreut servieren.

Tipp: Die Muffins schmecken auch kalt gut und eignen sich ideal zum Mitnehmen für einen Lunch im Büro.

Tipp für das Punktekonto: Halb so viel Mandeln und Olivenöl – 2 Punkte gespart!

KÜRBIS-MUFFINS

Für 12 Stück

Pro Stück: 1 Punkt, 123 kcal, 6 g E, 9 g F, 5 g KH

300 g Hokkaido-Kürbis
1 mittelgroße Zwiebel
2 EL Olivenöl
etwas Fett für das Blech
4 Eier, Größe M
75 ml Joghurt
25 g Mandelmehl
30 g gemahlene Mandeln
1 TL Backpulver
Salz, Pfeffer
50 g Kürbiskerne

1. Den Backofen auf 180 °C Ober-/Unterhitze (Umluft 160 °C) vorheizen.
2. Das Kürbisstück waschen, putzen, wenn nötig entkernen und grob in Stücke schneiden. Die Zwiebel abziehen und vierteln. Beides in den Mixtopf geben und mit aufgesetztem Messbecher **5 Sekunden/ Stufe 5** zerkleinern. Das Öl dazugeben und das Gemüse **3 Minuten/120 °C/Stufe 1** dünsten.
3. In der Zwischenzeit ein Muffinblech (12 Stück) einfetten oder mit Papierförmchen auslegen.
4. Die restlichen Zutaten in den Mixtopf geben und alles **20 Sekunden/Stufe 4** vermischen.
5. Den Teig gleichmäßig in die Förmchen verteilen und die Muffins ca. 20 Minuten im vorgeheizten Backofen backen, bis die Oberfläche goldgelb ist.

OMELETTE MIT BROKKOLI

Für 2 Portionen

Pro Portion: 5 Punkte, 319 kcal, 24 g E, 20 g F, 8 g KH

- 200 g Brokkoli
- 250 ml Wasser
- Salz
- 200 g Rispentomaten
- 2 Stängel glatte Petersilie
- 4 Eier, Größe M
- 100 g Quark (20 % Fett)
- 4 EL Mineralwasser mit Kohlensäure
- Pfeffer
- 20 g Butter

1. Brokkoli putzen, waschen und in Röschen teilen. Die Stängel – wenn nötig – dünn abschälen und in Scheiben schneiden. Röschen und Scheiben ins Garkörbchen legen.
2. Wasser mit 1 Prise Salz in den Mixtopf füllen, das Garkörbchen einhängen und den Brokkoli **20 Minuten/Varoma** dämpfen.
3. In der Zwischenzeit die Tomaten waschen, gut abtropfen lassen und in Spalten schneiden. Die Petersilie waschen, mit Küchenpapier trocken tupfen, die Blätter von den Stängeln zupfen und grob hacken.
4. Den Backofen auf 80 °C Ober-/Unterhitze (Umluft 60 °C) vorheizen.
5. Das Garkörbchen beiseitestellen, den Mixtopf ausleeren und abtrocknen. Eier, Quark, Mineralwasser und etwas Salz und Pfeffer in den Mixtopf geben und **15 Sekunden/Stufe 3** verquirlen.
6. Die Hälfte der Butter in einer beschichteten Pfanne bei milder Hitze schmelzen, die Hälfte der Eiermasse hineingießen und jeweils die Hälfte des Brokkoli und der Tomaten obenauf verteilen. Omelette 6–8 Minuten auf kleiner Flamme stocken lassen. Dann auf einen Teller gleiten lassen und im Backofen warm halten.
7. Aus den übrigen Zutaten ein zweites Omelette backen. Beide Omeletts mit der Petersilie bestreuen und gleich servieren.

OMELETTE-GRUNDREZEPT

Für 2 Portionen

Pro Portion (ohne Belag): 8 Punkte, 253 kcal, 20 g E, 18 g F, 3 g KH

- 6 Eier, Größe M
- 1 TL Salz
- 20 ml Mineralwasser mit Kohlensäure
- 20 ml Milch
- Muskatnuss und Pfeffer nach Belieben
- 40 g Butter

1. Eier, Salz, Mineralwasser, Milch und Gewürze in den Mixtopf geben und **25 Sekunden/Stufe 4** mit aufgesetztem Messbecher verquirlen.
2. 20 g Butter in einer Pfanne schmelzen, die Eimasse hineingießen und bei milder Hitze stocken lassen. Sobald nur noch die Oberfläche feucht ist, den gewünschten Belag darauf verteilen und das Omelette zusammenklappen. Die restliche Butter in die Pfanne geben und die untere Omelette-Hälfte bräunen lassen.

Tipp: Für den Belag können Sie zum Beispiel 100 g halbierte Cocktailtomaten, 2 EL Schnittlauchröllchen und 1 EL Olivenöl verwenden.

HÜTTENKÄSEAUFSTRICH »ITALIENISCH«

Für 4 Portionen

Pro Portion: 1 Punkt, 82 kcal, 8 g E, 5 g F, 3 g KH

2 Tomaten
100 g Rucola
50 g Pecorino
100 g Hüttenkäse
1–2 EL weißer Balsamessig
Salz, Pfeffer

1. Die Tomaten waschen, vierteln und die Stielansätze herausschneiden. Den Rucola waschen, verlesen und gut trocken schütteln.
2. Den Pecorino in den Mixtopf geben und mit aufgesetztem Messbecher **5 Sekunden/Stufe 8** zerkleinern.
3. Rucola und nach Belieben die Tomaten dazugeben und **5 Sekunden/Stufe 4** mithilfe des Spatels zerkleinern. Hüttenkäse, Balsamessig, Salz und Pfeffer dazugeben und **10 Sekunden/Stufe 3 linksdrehend** cremig mixen.

Tipp: Wenn Sie die Tomaten mit mixen, wird der Aufstrich etwas flüssiger und ist nicht lange haltbar. Sie können die Tomaten einfach in Spalten auf die fertigen Brote legen. Wem Rucola zu bitter ist, kann sie durch Petersilie oder oder andere grüne Kräuter ersetzen.

OMELETTE MIT ZUCCHINI UND PILZEN

Für 2 Portionen

Pro Portion: 5 Punkte, 354 kcal, 22 g E, 27 g F, 7 g KH

250 g Zucchini
200 g braune Champignons, Shiitake- oder Austernpilze
4 Eier, Größe M
50 ml Mineralwasser mit Kohlensäure
Salz, Pfeffer
2 Stängel Dill oder Petersilie
2 EL Rapsöl
30 g Ziegenfrischkäse

1. Den Backofen auf 80 °C Ober-/Unterhitze (Umluft 60 °C) vorheizen.
2. Zucchini waschen, putzen und grob zerschneiden. Pilze mit Küchenpapier säubern. Beides in den Mixtopf geben und mit aufgesetztem Messbecher **2 Sekunden/Stufe 4** zerkleinern.
3. Eier, Mineralwasser, Salz und Pfeffer dazugeben und **10 Sekunden/Stufe 3 linksdrehend** vermischen.
4. Dill oder Petersilie waschen, mit Küchenpapier trocken tupfen, die Blätter von den Stängeln zupfen und hacken.
5. 1 EL Rapsöl in einer kleinen beschichteten Pfanne erhitzen, die Hälfte der Eimasse hineingeben und 15 g Ziegenfrischkäse mit einem Teelöffel darauf verteilen. Omelette 2–3 Minuten stocken lassen. Auf einen Teller geben und im Backofen warm halten.
6. Aus den übrigen Zutaten ein zweites Omelette backen. Beide Omeletts mit den gehackten Kräutern bestreuen und gleich servieren.

Tipp: Wenn Sie nur eine Portion brauchen, können Sie die Zutaten einfach halbieren und das Omelette im Varoma zubereiten. Dafür Backpapier für den Einlegeboden so zuschneiden, dass es am Rand etwas höher ist, jedoch die Schlitze zur Dampfzirkulation frei bleiben. Backpapier anfeuchten, die Eiermasse darauf verteilen und Omelette 18–20 Minuten/Varoma stocken lassen. Im Internet finden Sie auch fertig zugeschnittenes, ungebleichtes Dampfgarpapier, das mehrmals verwendet werden kann.

GEFÜLLTE EIER MIT SCHINKEN

Für 8 Portionen (4 Eier)

Pro Eihälfte: 1 Punkt, 69 kcal, 7 g E, 4 g F, 2 g KH

4 hart gekochte Eier, Größe M
2 Frühlingszwiebeln
1 kleine rote Spitzpaprika
100 g gekochter Schinken
100 g Frischkäse (20 % Fett)
Salz, Pfeffer
Tabasco nach Belieben
1 Stängel Dill

1. Die Eier schälen, längs halbieren und die Dotter mit einem Löffel herausheben.
2. Die Zwiebeln putzen, waschen und die weißen Teile grob zerschneiden. Die Paprikaschote waschen, putzen, Kerne und Trennhäutchen entfernen und das Fruchtfleisch vierteln.
3. Den Schinken in Streifen schneiden. Zwiebel, Paprika und Schinken in den Mixtopf geben und mit aufgesetztem Messbecher **5 Sekunden/Stufe 5** zerkleinern. Mit dem Spatel nach unten schieben und – wenn Sie die Füllung für die Eier feiner haben wollen – nochmals **2–3 Sekunden/Stufe 5** zerkleinern.
4. Frischkäse und Eidotter dazugeben und **8 Sekunden/Stufe 3 linksdrehend** untermischen. Mit Salz, Pfeffer und – nach Belieben – Tabasco pikant abschmecken.
5. Die Eihälften mit der Creme füllen. Den Dill waschen, gut trocken schütteln, die Blättchen vom Stängel zupfen und die gefüllten Eier damit garnieren.

Tipp: Statt des Schinkens können Sie auch Thunfisch aus der Dose (120 g Abtropfgewicht) verwenden.

GEFÜLLTE EIER MIT AVOCADO UND LACHS

Für 8 Portionen (4 Eier)
Pro Eihälfte: 1 Punkt, 80 kcal, 7 g E, 5 g F, 1 g KH

- 4 hart gekochte Eier, Größe M
- 4 Frühlingszwiebeln
- ½ Avocado
- 50 g Frischkäse (20 % Fett)
- Salz, Pfeffer
- 4 Scheiben Räucherlachs
- 1 Stängel Dill

1. Die Eier schälen, längs halbieren und den Dotter mit einem Löffel herausheben. Die Frühlingszwiebeln putzen, waschen und den weißen Teil grob zerschneiden. Das Fruchtfleisch der Avocadohälfte mit einem Löffel aus der Schale heben.
2. Zwiebel, Avocado, Eidotter und Frischkäse in den Mixtopf geben und mit aufgesetztem Messbecher **3 Sekunden/Stufe 5** zerkleinern. Mit dem Spatel nach unten schieben und den Vorgang wiederholen. Mit Salz und Pfeffer abschmecken.
3. Die Creme in die Eihälften füllen, die Lachsscheiben halbieren, zu Röllchen drehen und obenauf setzen.
4. Den Dill waschen, gut trocken schütteln, die Blättchen vom Stängel zupfen und die gefüllten Eier damit garnieren.

Tipp: Statt Lachs können Sie die Eier auch mit Frühstücksspeck belegen. 4 Scheiben Speck quer halbieren, in einer beschichteten Pfanne ohne Fett kross braten, auf Küchenpapier abtropfen lassen und in die Creme stecken.

Info: Das Ei ist – entgegen seinem schlechten Ruf als Cholesterinbombe – ein sehr gesundes Lebensmittel. Die Wissenschaft gibt Entwarnung: Eier treiben den Cholesterinspiegel nicht in die Höhe! Mehrere Eier pro Woche sind unbedenklich, denn sie enthalten biologisch hochwertiges Eiweiß und die wichtigen Vitamine A, D, E, K und B12.

HÄHNCHENTERRINE MIT PISTAZIEN

Für ca. 18 Scheiben

Pro Scheibe: 3 Punkte, 99 kcal, 8 g E, 6 g F, 3 g KH

500 g Hähnchenbrustfilet
450 ml Sahne zum Kochen (15 % Fett)
2 Scheiben Toastbrot
2 Eiweiß, Größe M
50 g geschälte Pistazien
Salz, Pfeffer
1 TL Ras el Hanout
Saft und Schale von ½ Bio-Zitrone

Info: Ras el Hanout ist eine typisch marokkanische Gewürzmischung, die sehr gut zu Geflügel passt. Wörtlich übersetzt heißt es: »Kopf des Ladens«, was bedeutet, dass nur der Chef weiß, was alles enthalten ist. Häufigste Zutaten sind: Muskat, Rosenknospen, Zimt, Anis, Chili, Lavendel und Pfeffer. Sie bekommen das Gewürz in verschiedenen Mahlstufen an Gewürzständen auf dem Markt und in gut sortierten Supermärkten. Ersatzweise können Sie jeweils ½ TL Zimt, Muskatnuss, Nelken, Kurkuma und Knoblauch verwenden.

1. Die Hähnchenbrustfilets in grobe Würfel schneiden, auf einem gefrierbeständigen Teller oder Tiefkühlbeutel flach ausbreiten und 1 Stunde in das Tiefkühlfach geben. Der Thermomix® kann das so angefrorene Fleisch gleichmäßiger zerkleinern. 250 ml Sahne ebenfalls ins Tiefkühlfach geben, damit sie richtig gut kalt wird.
2. Den Backofen auf 180 °C Ober-/Unterhitze (Umluft 160 °C) vorheizen und eine Kasserolle, in die die verwendete Terrinenform passt, 2 Fingerbreit mit Wasser füllen und hineinstellen.
3. Die Toastbrot-Scheiben vierteln, in den Mixtopf geben und mit aufgesetztem Messbecher **6 Sekunden/Stufe 4** zerkleinern. In eine Schüssel umfüllen und mit der restlichen Sahne vermischen. Den Mixtopf nicht reinigen.
4. Das Fleisch mit dem Eiweiß in den Mixtopf geben und (mit Messbecher) **10 Sekunden/Stufe 6** zerkleinern. Die gekühlte Sahne, die Sahne-Toast-Mischung und die übrigen Zutaten in den Mixtopf geben und **30 Sekunden/Stufe 4 linksdrehend** gut vermischen.
5. Masse in eine kalt ausgespülte Terrinenform (oder Kastenform) füllen. Form zugedeckt in das Wasserbad im Backofen stellen und Terrine 1 Stunde garen. Herausnehmen, vollständig auskühlen lassen und aus der Form heben.

Tipp: Servieren Sie die Terrinenscheiben als Hauptgericht auf einem gemischten Salat. Sie können sie aber auch in einer Box verpackt als Imbiss mitnehmen.

QUARK-KRÄUTER-TERRINE

Für ca. 10 Scheiben

Pro Scheibe: 2 Punkte, 41 kcal, 5 g E, 1 g F, 3 g KH

je 3 Stängel glatte Petersilie und Dill (oder je 2 EL TK-Kräuter)

½ Bund Radieschen (etwa 100 g geputzt gewogen)

1 Bund Frühlingszwiebeln

½ Bio-Zitrone

250 g Quark (20 % Fett)

250 ml Kefir

Salz

Bindemittel für 500 ml Flüssigkeit (z. B. Gelatine oder Guarkernmehl)

1. Frische Petersilie und Dill waschen, gut trocken schütteln und die Blättchen von den Stängeln zupfen. Die Radieschen waschen und putzen. Die Frühlingszwiebeln abziehen, waschen und mit viel Grün grob in Stücke schneiden. Die Zitrone waschen, abtrocknen, von ½ Frucht die Schale abraspeln und den Saft auspressen.
2. Radieschen und Frühlingszwiebeln in den Mixtopf geben und mit aufgesetztem Messbecher **3 Sekunden/Stufe 5** zerkleinern. Mit dem Spatel nach unten schieben, die Kräuter dazugeben und weitere **3 Sekunden/Stufe 5** zerkleinern.
3. Die übrigen Zutaten bis auf das Bindemittel in den Mixtopf geben und **5 Sekunden/Stufe 2 linksdrehend** verrühren. Das Bindemittel nach Packungsanleitung auflösen, dazugeben und in **10 Sekunden/Stufe 2 linksdrehend** gut unterrühren.
4. Masse in eine kalt ausgespülte Terrinenform oder mehrere Gratinförmchen füllen und mindestens 6 Stunden im Kühlschrank kalt stellen. Dann stürzen und zum Beispiel auf einem bunten Salat servieren.

Tipp: Etwas edler können Sie die Terrine mit 1 Päckchen Räucherlachs (200 g) gestalten. Kleiden Sie die Form vor dem Füllen mit 4 Scheiben Räucherlachs aus und legen Sie die restlichen Scheiben obenauf.

KRÄUTERROLLE MIT LACHS

Für ca. 15 Scheiben
Pro Scheibe: 2 Punkte, 106 kcal, 10 g E, 7 g F, 1 g KH

75 g Grana Padano
100 g Bergkäse
150 g Babyspinat
4 Eier, Größe M
Salz, Pfeffer
frisch geriebene Muskatnuss
200 g Räucherlachs
50 g frischer Dill
200 g Frischkäse (20 % Fett)

1. Den Backofen auf 200 °C Ober-/Unterhitze (Umluft 180 °C) vorheizen. Grana Padano grob zerschneiden, in den Mixtopf geben und mit aufgesetztem Messbecher **8 Sekunden/Stufe 10** reiben. Ein Backblech mit Backpapier auslegen und den Käse darauf zu einem Quadrat verteilen (etwa 30 x 30 cm).
2. Bergkäse grob zerteilen und in den Mixtopf geben. Babyspinat waschen, gut abtropfen lassen und verlesen. Zusammen mit den Eiern und Gewürzen zum Käse geben und **12 Sekunden/Stufe 7** mithilfe des Spatels zerkleinern.
3. Die Masse auf dem Parmesan verteilen und 10 Minuten im vorgeheizten Backofen vorbacken. Herausnehmen und abkühlen lassen. Der Mixtopf muss nicht gespült werden.
4. In der Zwischenzeit den Lachs in Streifen schneiden. Den Dill waschen, trocken schütteln und mit Küchenpapier trocken tupfen. Die Blätter von den Stängeln zupfen.
5. Dill in den Mixtopf geben (Messbecher!) und **3 Sekunden/Stufe 8** zerkleinern. Mit dem Spatel nach unten schieben, den Frischkäse dazugeben und **4 Sekunden/Stufe 4** vermischen.
6. Die abgekühlte Spinat-Käse-Platte mit dem Dill-Frischkäse bestreichen und mit den Lachsstreifen belegen. Platte aufrollen, in Frischhaltefolie wickeln und kalt stellen. Vor dem Servieren in etwa 2 cm breite Scheiben schneiden.

Tipp: Zur Abwechslung können Sie die Rolle auch mit gekochtem Schinken zubereiten. Bei der Auswahl des »Grünzeugs« haben Sie ebenfalls freie Hand. Sie können statt des Spinats Rucola nehmen oder junge Blätter der Roten Bete.

LACHSTERRINE

Für 20 Scheiben

Pro Scheibe: 2 Punkte, 98 kcal, 6 g E, 8 g F, 1 g KH

- 500 g frisches Lachsfilet ohne Haut
- 1 Bio-Limette
- 250 ml Schlagsahne
- 2 TL Rosa Beeren
- 25 g Pinienkerne
- Salz, Pfeffer
- Butter für die Form

1. Den Lachs in Würfel schneiden, auf einem gefrierfesten Teller oder in einem Gefrierbeutel ausbreiten und ca. 30 Minuten im Tiefkühlfach anfrieren lassen. Die Limette heiß waschen, die Schale fein abraspeln und den Saft auspressen.
2. Backofen auf 180 °C Ober-/Unterhitze (Umluft 160 °C) vorheizen.
3. 400 g Lachs mit Limettenschale, -saft und Sahne in den Mixtopf geben und mit aufgesetztem Messbecher **8 Sekunden/Stufe 6** pürieren. Restlichen Lachs, Rosa Beeren und Pinienkerne dazugeben und **3 Sekunden/Stufe 5** zerkleinern. Mit Salz und Pfeffer würzen.
4. Eine Terrinenform (ca. 25 cm lang) ausbuttern, die Lachsfarce einfüllen und glatt streichen. Mit Deckel oder Alufolie verschließen und in eine große Auflaufform stellen, die 3 Finger breit mit heißem Wasser gefüllt ist.
5. Terrine in den Ofen stellen und auf der mittleren Schiene des Backofens 35–40 Minuten stocken lassen. Dann herausnehmen, auskühlen lassen und im Kühlschrank kalt stellen. Auf eine Platte stürzen und mit Salat garniert servieren.

Tipp: Als Garnitur eignet sich gemischter Pflücksalat vom Markt mit Paprikastreifen. Als Dressing können Sie geriebenen Ingwer oder Meerrettich (aus dem Glas) mit 2 EL Limettensaft, Salz, Pfeffer und Olivenöl zu einer Vinaigrette verquirlen.

GEFLÜGELLEBERWURST IM GLAS

Für ca. 15 Portionen

Pro Portion (20 g): 1 Punkt, 58 kcal, 4 g E, 4 g F, 1 g KH

- 1 Zwiebel
- 1 Stange Lauch
- 2 Zweige Thymian
- 1 EL Rapsöl
- 50 g Schinkenwürfel
- 200 g frische Geflügelleber
- 1 TL Salz
- Pfeffer
- ½ TL Zimt
- 50 g Schlagsahne

1. Die Zwiebel abziehen und vierteln. Den Lauch putzen, gut waschen und die weißen Teile grob zerschneiden (das Grün anderweitig verwenden). Den Thymian waschen, trocken schütteln und die Blätter von den Stängeln zupfen.
2. Zwiebel und Lauch mit 1 EL Öl in den Mixtopf geben und mit aufgesetztem Messbecher **5 Sekunden/Stufe 5** zerkleinern. Mit dem Spatel nach unten schieben, die Schinkenwürfel dazugeben und **4 Minuten/120 °C/Stufe 2** andünsten.
3. Die Geflügelleber von Sehnen befreien und mit dem Thymian und den Gewürzen in den Mixtopf geben und **10 Sekunden/Stufe 4** zerkleinern. (Messbecher!) Dann **10 Minuten/90 °C/Stufe 3** sanft dünsten lassen.
4. Die Sahne zugießen und alles **10 Sekunden/Stufe 7** pürieren. Sofort in ein vorbereitetes Schraubglas füllen und fest verschließen.

Tipp 1: Die Leberwurst hält sich sicher 2 Wochen im Kühlschrank. Wenn das Glas mal geöffnet ist, Inhalt in 3–4 Tagen verbrauchen!

Tipp 2: Für dieses Rezept können Sie ebenso Kalbs- oder Rinderleber verwenden. Gut macht sich auch ein kleiner, geschälter Apfel, den Sie gleich mit Zwiebel und Lauch andünsten.

SPARGELCREME IM GLAS MIT GARNELEN

Für 8 Portionen
Pro Portion: 7 Punkte,123 kcal, 4 g E, 11 g F, 2 g KH

500 g grüner Spargel
2 Schalotten
2 EL Olivenöl
400 ml Gemüsebrühe oder Fischfond
8 große Garnelen
Salz, Pfeffer
etwas Zitronensaft
300 ml Crème fraîche

1. Den Spargel, wenn nötig, im unteren Drittel schälen und die holzigen Enden entfernen. Die Köpfchen abschneiden und in den Varoma legen. Den restlichen Spargel grob in Stücke schneiden. Die Schalotten abziehen und halbieren.
2. Die Schalotten mit 1 EL Öl in den Mixtopf geben und mit aufgesetztem Messbecher **5 Sekunden/Stufe 5** zerkleinern. Mit dem Spatel nach unten schieben und **3 Minuten/120 °C/Stufe 1,5** andünsten. Die Spargelstücke in den Mixtopf dazugeben und **6 Sekunden/Stufe 5** zerkleinern.
3. Die Brühe dazugeben, den Varoma aufsetzen und das Ganze **12 Minuten/100 °C/Stufe 1** kochen, bis der Spargel weich ist.
4. In der Zwischenzeit die Garnelen waschen und trocken tupfen. Das restliche Öl in einer beschichteten Pfanne erhitzen und die Garnelen von jeder Seite 2 Minuten anbraten. Auf Küchenpapier abtropfen lassen.
5. Den Varoma abnehmen und beiseitestellen und den Spargel **35 Sekunden/Stufe 4–6** ansteigend fein pürieren. Mit Salz, Pfeffer und Zitronensaft abschmecken. Die Crème fraîche mit etwas Salz glatt rühren.
6. Die Spargelcreme in 8 Gläser füllen und die Crème fraîche darübergeben. Mit dem Bratöl der Garnelen beträufeln, je 1 Garnele an den Rand stecken und mit den Spargelköpfchen garniert servieren.

Tipp für das Punktekonto: Etwas weniger Crème fraîche (150 g) tut es auch – das bedeutet nur mehr 4 Punkte pro Portion aufs Konto.

ERBSENCOCKTAIL MIT RADIESCHEN

Für 8 Portionen

Pro Portion: 1 Punkt, 57 kcal, 3 g E, 3 g F, 4 g KH

30 g Parmesan
600 g frische Erbsen in Schoten
Salz
500 ml Wasser
1 Prise Zucker
1 EL Nussöl
Salz, Pfeffer
1 Bund Radieschen (ca. 200 g, geputzt gewogen)
½ Gurke
1 Möhre nach Belieben

1. Den Parmesan in den Mixtopf geben und mit aufgesetztem Messbecher **10 Sekunden/Stufe 10** reiben. In eine Schüssel umfüllen.
2. Die Erbsen aus den Schoten lösen. Salzwasser mit Zucker in den Mixtopf geben und in **6 Minuten/100 °C** zum Kochen bringen. Die Erbsen dazugeben und **4–6 Minuten/100 °C** bissfest kochen.
3. Durch ein Sieb abgießen – dabei etwas von der Kochflüssigkeit aufbewahren. Einige Erbsen zum Garnieren beiseitelegen. Restliche Erbsen mit dem Öl und dem Parmesan in den Mixtopf geben, Messbecher aufsetzen und alles **5 Sekunden/Stufe 5** pürieren. Mit dem Spatel nach unten schieben und den Vorgang eventuell mit etwas Kochflüssigkeit wiederholen, sodass eine glatte Creme entsteht. Mit Salz und Pfeffer abschmecken und auf 8 Gläser verteilen. Abkühlen lassen.
4. Vor dem Servieren die Radieschen waschen, putzen und halbieren oder vierteln. Die Gurke schälen, längs halbieren, die Kerne mit einem Löffel herausschaben und das Fruchtfleisch würfeln. Nach Belieben eine Möhre schälen, putzen und in feine Streifen schneiden.
5. Radieschen, Gurke, Möhren und restliche Erbsen auf der Erbsencreme verteilen.

Tipp: Die Erbsencreme macht sich auch gut als Dip oder Brotaufstrich.

KRÄUTER-MUFFINS

Für 24 Stück
Pro Stück: 3 Punkte, 81 kcal, 3 g E, 8 g F, 1 g KH

- 8 Stängel glatte Petersilie
- 100 g Bergkäse
- 2 Eier, Größe M
- 100 g weiche Butter
- 1 TL Salz
- 80 g gemahlene Mandeln
- 30 g Mandelmehl
- 2 TL Backpulver
- etwas Butter für die Form

Tipp: Die Kräuter-Muffins schmecken natürlich frisch am besten – Sie können sie aber auch 2–3 Tage in einer gut verschließbaren Box kühl lagern.

Info: Mandelmehl ist etwas anderes als gemahlene Mandeln. Eigentlich ist es ein Nebenprodukt aus der Herstellung von Mandelöl. Der dabei entstehende Presskuchen wird gemahlen und ergibt entöltes Mandelmehl. 100 g enthalten nur 4 g Kohlenhydrate und kein Gluten! Sie bekommen es in Bioläden, Reformhäusern und natürlich im Internet.

1. Den Backofen auf 180 °C Ober-/Unterhitze (Umluft 160 °C) vorheizen.
2. Die Petersilie waschen, gut mit Küchenpapier trocken tupfen und die Blättchen abzupfen. Den Bergkäse in Stücke schneiden.
3. Petersilie und Bergkäse in den Mixtopf geben und mit aufgesetztem Messbecher **10 Sekunden/Stufe 5** fein zerkleinern. Die übrigen Zutaten dazugeben und **20 Sekunden/Stufe 4** vermischen.
4. Ein Muffinblech für kleine Muffins (24 Stück) sorgfältig einfetten und in jede Vertiefung 1 gehäuften TL der Teigmischung setzen. Muffins im vorgeheizten Backofen 20 Minuten backen, bis sie aufgegangen und schön goldgelb sind.

KÄSE-SCONES

Für 24 Stück

Pro Stück: 3 Punkte, 83 kcal, 3 g E, 7g F, 0 g KH

3 Stängel krause Petersilie
100 g Cheddar
2 Eier, Größe M
100 g Butter
1 TL Salz
100 g gemahlene Mandeln
30 g Mandelmehl
½ Pck. Backpulver
etwas Fett für die Form

1. Den Backofen auf 180 °C Ober-/Unterhitze (Umluft 160 °C) vorheizen.
2. Die Petersilie waschen, trocken schütteln und die Blättchen abzupfen. Den Käse in Würfel schneiden.
3. Die Hälfte der Petersilie mit dem Käse in den Mixtopf geben und mit aufgesetztem Messbecher **8 Sekunden/Stufe 5** zerkleinern.
4. Die übrigen Zutaten (außer der restlichen Petersilie) in den Mixtopf geben und **20 Sekunden/Stufe 4** vermischen.
5. Ein Muffinblech (für 24 Stück) einfetten und in jede Vertiefung 1 EL der Teigmischung geben.
6. Scones im vorgeheizten Backofen 20–25 Minuten goldgelb backen. Abkühlen lassen, erst dann aus den Formen nehmen und mit der restlichen Petersilie bestreuen.

Tipp: Sie können die Scones auch mit Bergkäse oder altem Gouda zubereiten. Frisch schmecken sie am besten, sie halten sich aber auch 2–3 Tage im Kühlschrank.

SCHINKEN-EIER-MUFFINS MIT PAPRIKA

Für 12 Stück

Pro Stück: 11 Punkte, 232 kcal, 18 g E, 17 g F, 3 g KH

120 g alter Gouda
1 kleine Zwiebel
1 rote Paprikaschote
75 g gekochter Schinken
200 g Quark (20 % Fett)
75 ml Milch
50 ml Olivenöl + etwas für die Form
6 Eier, Größe M
50 g Mandelmehl
½ Päckchen Backpulver
Salz, Pfeffer
2 EL Schnittlauch in Röllchen (optional)

1. Den Backofen auf 180 °C Ober-/Unterhitze (Umluft 160 °C) vorheizen. Gouda grob in Stücke schneiden, in den Mixtopf geben und mit aufgesetztem Messbecher **8 Sekunden/Stufe 8** reiben. In eine Schüssel umfüllen. Mixtopf nicht spülen.
2. Zwiebel abziehen und vierteln. Die Paprikaschote waschen, putzen und grob zerschneiden. Den Schinken würfeln.
3. Zwiebel und Paprika in den Mixtopf geben und **5 Sekunden/Stufe 5** (Messbecher!) zerkleinern. Schinken, Quark, Milch, Olivenöl, Eier, Mehl, Backpulver, Salz, Pfeffer und die Hälfte vom geriebenen Gouda dazugeben und **10 Sekunden/Stufe 3** gut vermischen.
4. 12 Muffinförmchen oder ein Muffinblech mit Öl dünn einfetten, die Masse darin verteilen und mit dem restlichen Käse bestreuen. Muffins im Backofen in 18–20 Minuten goldgelb backen. Heiß, lauwarm oder kalt und nach Belieben mit Schnittlauch bestreut servieren.

Tipp: Die Muffins, die Sie auch mit anderem Gemüse oder anderen Käsesorten (zum Beispiel Bergkäse oder Gruyère) zubereiten können, eignen sich kalt sehr gut zum Mitnehmen.

SPINAT-MUFFINS MIT SCHAFSKÄSE

Für 12 Stück

Pro Stück: 5 Punkte, 159 kcal, 5 g E, 11 g F, 10 g KH

- 100 g Babyspinat
- 1 Schalotte
- 150 g Schafskäse
- 2 Eier, Größe M
- 100 ml Milch
- 100 g weiche Butter in Stücken
- 1 TL Salz
- 150 g Weizenmehl (Type 550)
- 1 Pck. Backpulver
- etwas Butter für die Form

1. Den Backofen auf 180 °C Ober-/Unterhitze (Umluft 160 °C) vorheizen. Den Spinat waschen, gut abtropfen lassen und verlesen. Die Schalotte abziehen und vierteln. Den Käse in Würfel schneiden.
2. Schalotte in den Mixtopf geben und mit aufgesetztem Messbecher **3 Sekunden/Stufe 5** zerkleinern. Mit dem Spatel nach unten schieben und den Vorgang wiederholen.
3. Den Spinat dazugeben und **5 Sekunden/Stufe 4** zerkleinern. (Messbecher!) Die übrigen Zutaten (außer dem Käse) in den Topf geben und **20 Sekunden/Stufe 4** zu einem glatten Teig verrühren.
4. Die Käsewürfel mit dem Spatel unterheben.
5. Ein Muffinblech (12 Mulden) sorgfältig mit Butter einfetten (oder Papierförmchen verwenden) und den Teig in den Vertiefungen verteilen.
6. Muffins im vorgeheizten Backofen 20–25 Minuten backen, bis sie aufgegangen und schön goldgelb sind.

Tipp: Zu Spinat passt auch immer 1 Knoblauchzehe. Oder Sie versuchen mal 1 Stängel Zitronengras. Beides kommt mit der Schalotte in den Mixtopf.

BLUMENKOHL-NUGGETS

Für 25 Stück

Pro Stück: 1 Punkt, 59 kcal, 3 g E, 3 g F, 4 g KH

- 50 g frische Kräuter
- 100 g alter Gouda oder Bergkäse
- 1 Blumenkohl (ca. 1,2 kg)
- 500 ml Wasser
- 2 Eier, Größe M
- 100 g Semmelbrösel
- Salz, Pfeffer
- 2 EL Rapsöl

1. Die Kräuter waschen, gut trocken schütteln und die Blätter von den Stängeln zupfen. Den Käse grob zerschneiden. Beides in den Mixtopf geben und mit aufgesetztem Messbecher **8 Sekunden/Stufe 8** zerkleinern. In eine geräumige Schüssel (der Blumenkohl soll später auch darin Platz haben) umfüllen.
2. Blumenkohl waschen, putzen und grob zerschneiden. In 2 Portionen in den Mixtopf geben, Messbecher aufsetzen und Blumenkohl jeweils **4 Sekunden/ Stufe 5** zerkleinern. Dann in den Varoma geben. Wasser in den Mixtopf füllen, Varoma aufsetzen und Blumenkohl **20 Minuten/Varoma/Rührstufe** weich dünsten.
3. Etwas abkühlen lassen, in ein sauberes Tuch geben, kräftig ausdrücken und zum Käse in die Schüssel geben. Backofen auf 200 °C Ober-/Unterhitze (Umluft 180 °C) vorheizen.

4. Eier und 70 g Semmelbrösel zur Blumenkohl-Käse-Mischung geben und gut vermischen. Mit Salz und Pfeffer abschmecken.
5. Ein Backblech mit Öl bepinseln. Die restlichen Brösel auf einem flachen Teller ausbreiten. Mit angefeuchteten Händen aus dem Blumenkohlteig 25 Nuggets formen, jeweils in den Bröseln wälzen und auf das Backblech legen.
6. Blech in den Ofen schieben und Nuggets 15 Minuten von jeder Seite goldgelb backen und heiß – zum Beispiel mit einem Salat – oder kalt – am Buffet oder unterwegs – genießen.

GEDÜNSTETE ZUCCHINI MIT KNOBLAUCHFENCHEL

Für 2 Portionen
Pro Portion: 7 Punkte, 253 kcal, 4 g E, 23 g F, 9 g KH

2 mittelgroße Zucchini
250 ml Wasser
3–4 Knoblauchzehen
1 Dolde Gewürzfenchel oder das Grün einer Fenchelknolle (ersatzweise 5 Stängel glatte Petersilie)
1 TL Fenchelsamen
3 EL Olivenöl
grobes Meersalz

1. Die Zucchini waschen, putzen und in 1 cm breite Scheiben schneiden. Auf dem Varoma-Einlegeboden verteilen.
2. Wasser in den Mixtopf gießen, den Varoma aufsetzen und die Zucchini **20–25 Minuten/Varoma /Rührstufe** bissfest dämpfen.
3. In der Zwischenzeit die Knoblauchzehen abziehen. Den Gewürzfenchel oder das Fenchelgrün waschen, gut trocken schütteln und von den Stielen zupfen.
4. Varoma abnehmen und beiseitestellen. Den Mixtopf ausleeren und abtrocknen. Knoblauch, Fenchel, Fenchelsamen und Olivenöl in den Mixtopf geben und mit aufgesetztem Messbecher **4 Sekunden/Stufe 5** zerkleinern.
5. Die Zucchini auf 2 Tellern anrichten, das Fenchel-Knoblauch-Gemisch darübergeben und mit dem Meersalz bestreut servieren.

Tipp: Die Zucchini eignen sich als Gemüsegericht, aber ebenso als Beilage zu kurz gebratenem Fleisch wie Lammkoteletts.

Tipp für das Punktekonto: Auch mit nur 2 EL Olivenöl wird ein aromatisches Gericht daraus – dann sind es nur noch 5 Punkte.

ZUCCHINI-FRITTERS MIT KRÄUTERJOGHURT

Für 8 Stück

Pro Stück: 2 Punkte, 115 kcal, 7 g E, 6 g F, 8 g KH

- 500 g Zucchini
- 1 Bund Frühlingszwiebeln
- 2 Knoblauchzehen
- 4 Stängel Petersilie
- 2 EL Rapsöl
- je ½ TL gemahlener Kreuzkümmel und Kurkuma
- 50 g Vollkornbrösel
- 4 Eier, Größe M
- Salz, Pfeffer
- 100 g Skyr oder Joghurt
- 30 g gehackte frische Kräuter nach Belieben

1. Den Backofen auf 200 °C Ober-/Unterhitze (Umluft 180 °C) vorheizen. Die Zucchini waschen, putzen und grob zerschneiden. In den Mixtopf geben und mit aufgesetztem Messbecher **5 Sekunden/Stufe 5** zerkleinern. In eine Schüssel umfüllen.
2. Die Frühlingszwiebeln putzen, waschen und mit viel dunklem Grün grob zerschneiden. Die Knoblauchzehen schälen. Die Petersilie waschen, trocken schütteln und die Blätter von den Stängeln zupfen.
3. Frühlingszwiebeln, Knoblauch und Petersilie in den Mixtopf geben und alles **5 Sekunden/Stufe 5** zerkleinern. (Messbecher!) Mit dem Spatel nach unten schieben, 1 EL Öl dazugeben und **3 Minuten/120 °C/ Stufe 1,5** andünsten.
4. Zucchini gut ausdrücken und mit Kreuzkümmel, Kurkuma, Bröseln, Eiern, Salz und Pfeffer in den Mixtopf geben und **5 Sekunden/Stufe 3** verrühren. Masse in eine Schüssel umfüllen.
5. Ein Backblech mit dem restlichen Öl bestreichen. Mit feuchten Händen aus dem Teig 8 flache Küchlein formen, diese nebeneinander auf das Blech legen und im vorgeheizten Backofen in 20 Minuten goldgelb backen. Nach der Hälfte der Backzeit einmal wenden.
6. Skyr in einer Schüssel mit etwas Salz und Kräutern verrühren. Die Fritters auf 4 Teller verteilen und jeweils 1 Klecks Kräuterjoghurt daraufsetzen.

ROTKOHLROHKOST MIT MÖHREN UND GRANATAPFEL

Für 4 Portionen

Pro Portion: 4 Punkte, 189 kcal, 2 g E, 15 g F, 10 g KH

- 1 Orange
- ½ Granatapfel
- 500 g Rotkohl
- 200 g Möhren
- 2 Stängel glatte Petersilie
- 4 EL Nuss- oder Avocadoöl
- 3 EL Apfelessig
- ½ TL gemahlener Zimt
- Salz, Pfeffer

1. Die Orange auspressen – das soll ca. 100 ml Saft ergeben. Den halben Granatapfel mit der Schnittfläche nach unten über eine Schüssel halten und zuerst mit der schmalen, dann mit der flachen Seite eines Kochlöffels kräftig auf die Schale klopfen, sodass die Kerne herausfallen. Mit herausgefallene Trennhäutchen entfernen.
2. Den Rotkohl in Blätter teilen, waschen und die harten Mittelrippen entfernen. Blätter grob hacken. Die Möhren schälen, putzen und grob in Stücke schneiden. Die Petersilie waschen, trocken schütteln und die Blätter von den Stängeln zupfen.
3. Rotkohl, Möhren und Petersilie in den Mixtopf geben und mithilfe des Spatels **6–8 Sekunden/Stufe 5** zerkleinern.
4. Orangensaft, Öl, Essig, Zimt, Salz und Pfeffer dazugeben und **5 Sekunden/Stufe 3 linksdrehend** untermischen. Rohkost mit Salz und Pfeffer abschmecken, auf 4 Teller verteilen und mit den Granatapfelkernen bestreut servieren.

Tipp: Gut schmecken dazu auch Korinthen, die Sie im Orangensaft 15–20 Minuten einweichen lassen.

ROTE-BETE-SALAT MIT WEISSKOHL UND MÖHREN

Für 4 Portionen

Pro Portion: 3 Punkte, 155 kcal 2 g E, 12 g F, 10 g KH

250 g Rote Bete
100 g Möhren
100 g Weißkohl
1 Schalotte
1–2 Knoblauchzehen
3 Stängel Dill
1 TL Kümmel
3 EL Sesamöl
2 EL Weißweinessig
Salz, Pfeffer

1. Die Roten Beten putzen, dünn mit einem Sparschäler schälen und vierteln (Einmalhandschuhe verwenden, sonst haben Sie lange Zeit rote Hände). Möhren putzen, schälen und grob zerschneiden. Weißkohl waschen, grob hacken.
2. Die Schalotte abziehen und halbieren. Die Knoblauchzehen schälen. Den Dill waschen, trocken schütteln und die Blätter von den Stängeln zupfen. Einige Blätter zum Garnieren beiseitelegen.
3. Schalotte, Knoblauch, Dill und Kümmel in den Mixtopf geben und mit aufgesetztem Messbecher **5 Sekunden/Stufe 5** zerkleinern. Mit dem Spatel nach unten schieben, alle übrigen Zutaten dazugeben und mithilfe des Spatels **2–3 Sekunden/Stufe 5** zerkleinern.
4. Salat nochmals mit Salz und Pfeffer abschmecken und eventuell mehr Essig dazugeben. Auf vier Teller verteilen und mit dem restlichen Dill bestreut servieren.

Tipp: Ein exotisches Aroma bekommt der Salat, wenn Sie zur Abwechslung mal 1 Stängel Zitronengras dazugeben. Dazu die äußeren Blätter vom Zitronengras entfernen und nur das weiche, weiße Innere verwenden. Zusammen mit Zwiebel und Knoblauch zerkleinern.

GEMÜSERÖSTIS MIT HALLOUMI

Für 12 Stück

Pro Portion (3 Röstis): 7 Punkte, 307 kcal, 25 g E, 18 g Fett, 9 g KH

250 g Zucchini
Salz
200 g Halloumi
1 rote Paprikaschote
4 Eier, Größe M
25 g Flohsamenschalen
1–2 TL getrockneter Majoran
Pfeffer
4 Stängel krause oder glatte Petersilie
200 g Skyr (ersatzweise Joghurt)

1. Die Zucchini waschen, putzen und grob zerschneiden. In den Mixtopf geben und mit aufgesetztem Messbecher **2 Sekunden/Stufe 5** zerkleinern. In eine Schüssel umfüllen, mit 1 TL Salz vermischen und 10 Minuten oder länger ziehen lassen, um ihnen das Wasser zu entziehen. Den Mixtopf nicht spülen.
2. Den Backofen auf 180 °C Ober-/Unterhitze (Umluft 160 °C) vorheizen.
3. Den Halloumi in etwa 1 ½ cm große Würfel schneiden. Die Paprikaschote waschen, putzen und grob zerschneiden. Beides in den Mixtopf geben und **2 Sekunden/Stufe 5** zerkleinern.
4. Die Zucchini sehr gut ausdrücken und mit den Eiern, Flohsamenschalen und Majoran in den Mixtopf geben. Alles **15 Sekunden/Stufe 3** vermischen, dann in eine Schüssel umfüllen und mit Salz und Pfeffer würzen. Teig 15 Minuten quellen lassen.
5. Ein Backblech mit Backpapier auslegen. Mit einem Löffel 12 Teigplätzchen auf das Blech setzen. Röstis 30 Minuten im Ofen backen, dabei nach der Hälfte der Zeit einmal wenden. Alternativ eine Quicheform (ca. 24 cm) dünn einfetten, den Teig hineingießen und 30 Minuten im Backofen stocken lassen.
6. In der Zwischenzeit die Petersilie waschen, mit Küchenpapier trocken tupfen, die Blättchen von den Stängeln zupfen und hacken. In einer Schüssel mit dem Skyr vermischen und mit Salz abschmecken.
7. Die Röstis auf 4 Teller verteilen und mit jeweils 2 EL Skyrsauce begießen. Restliche Sauce getrennt dazu reichen.

Info: Halloumi hat 25 Prozent Eiweiß! Das sorgt für eine lang anhaltende Sättigung, was besonders vor dem Intervall beim intermittierenden Fasten wichtig ist. Halloumi ist auch der einzige Käse, der beim Erhitzen nicht zerfließt und daher zum Grillen geeignet ist. Die zyprische Spezialität finden Sie meist neben griechischem Feta in den Kühltheken.

Tipp: Die Röstis können Sie auch kalt essen und gut mitnehmen.

GEFÜLLTE AVOCADO MIT THUNFISCH

Für 2 Portionen

Pro Portion: 5 Punkte, 389 kcal, 19 g E, 31 g F, 5 g KH

- 1 Avocado
- 1 hart gekochtes Ei, Größe M
- 1 kleine rote Zwiebel
- ½ Zitrone
- 2 Stängel Dill oder glatte Petersilie
- 1 EL Olivenöl
- 1 Dose Thunfisch naturell (ca. 150 g Abtropfgewicht)
- Salz, Pfeffer

1. Die Avocado längs halbieren, den Kern entfernen und das Fruchtfleisch vorsichtig aus der Schale löffeln, ohne die Schale zu verletzen. Das Ei schälen. Die Zwiebel abziehen und halbieren. Die Zitrone auspressen. Dill oder Petersilie waschen, gut trocken schütteln und die Blättchen von den Stängeln zupfen.
2. Die vorbereiteten Zutaten mit dem Öl in den Mixtopf geben und mit aufgesetztem Messbecher **3 Sekunden/Stufe 5** zerkleinern.
3. Masse in eine Schüssel umfüllen, den abgetropften Thunfisch untermischen und das Ganze mit Salz, Pfeffer und nach Belieben noch mehr Zitronensaft abschmecken und in den Avocadoschalen servieren.

Tipp: Manchmal gibt es rote Schalotten zu kaufen. Die machen sich besonders fein in der Avocadomasse. Gut kann zur Abwechslung auch mal ein (sehr) kleiner roter Apfel hineingemischt werden.

THUNFISCHSALAT MIT PINIENKERNEN

Für 1 Portion

Pro Portion: 2 Punkte, 367 kcal, 29 g E, 23 g F, 10 g KH

- 1 Knoblauchzehe
- 2 Stängel glatte Petersilie
- 1 kleine rote Spitzpaprikaschote
- 2 mittelgroße Tomaten
- Salz, Pfeffer
- 2 EL weißer Essig
- 1 Dose Thunfisch naturell (100 g Abtropfgewicht)
- 1 EL Olivenöl
- 10 g Pinienkerne

1. Die Knoblauchzehe abziehen. Die Petersilie waschen, trocken schütteln und die Blätter von den Stängeln zupfen. Die Paprikaschote waschen, längs aufschlitzen und putzen.
2. Die Tomaten waschen, 1 ½ davon in dünne Scheiben schneiden. Auf einem Teller ausbreiten und mit Salz, Pfeffer und 1 EL Essig würzen. Den Thunfisch aus der Dose in ein Sieb geben und gut abtropfen lassen.
3. Knoblauch, Petersilie, Paprikaschote, die halbe Tomate, den Thunfisch, den restlichen Essig und das Olivenöl in den Mixtopf geben, den Messbecher aufsetzen und alles **3 Sekunden/Stufe 5** zerkleinern.
4. Den Salat auf den Tomaten anrichten und mit den Pinienkernen bestreut servieren.

Tipp: Wenn Sie Zeit haben, können Sie die Pinienkerne in einer beschichteten Pfanne ohne Fett goldgelb rösten. Das sorgt für ein besonders gutes Aroma.

MANGOLD IN ZITRONENÖL

Für 2 Portionen

Pro Portion: 7 Punkte, 192 kcal, 6 g E, 15 g F, 9 g KH

1 Staude Mangold (etwa 500 g)
250 ml Wasser
1–2 Knoblauchzehen
½ Zitrone
3 EL Olivenöl
grobes Meersalz
Chiliflocken nach Belieben

1. Die Mangoldstaude in Blätter teilen, diese gründlich waschen und trocken schütteln. Die harten Rippen keilförmig herausschneiden, in 2 cm lange Streifen schneiden und in den Varoma legen. Die Blätter grob hacken und in den Varoma-Einlegeboden geben.
2. Wasser in den Mixtopf füllen, den Varoma aufsetzen und den Mangold **15 Minuten/Varoma/Rührstufe** garen.
3. In der Zwischenzeit die Knoblauchzehen abziehen und in feine Scheibchen schneiden. Die Zitrone auspressen.
4. Den Varoma beiseitestellen, den Mixtopf ausleeren und abtrocknen. Die Knoblauchscheiben mit dem Olivenöl in den Mixtopf geben und **3 Minuten/120 °C/Stufe 1** andünsten. Den Zitronensaft dazugeben und das Ganze mit aufgesetztem Messbecher **5 Sekunden/Stufe 5** verquirlen.
5. Das Gemüse in den Mixtopf füllen und **15 Sekunden/Stufe 1 linksdrehend** vermischen. Auf 2 Teller verteilen und mit Meersalz und – nach Belieben – Chiliflocken bestreut servieren.

Tipp: Dieses Mangoldgemüse passt wunderbar als Beilage für 4 Portionen zu kurz gebratenem Fleisch, schmeckt aber auch zwei Personen als Hauptgericht.
Wenn Ihre Mangoldstaude größer ist, kein Problem. Mangold hat so wenig Kalorien und Kohlenhydrate, dass Sie davon so viel essen können, wie Sie wollen. Wenn die Mahlzeit vor dem Fastenintervall richtig satt machen soll, können Sie das Gemüse auch mit etwa 30 g geraspeltem Parmesan pro Portion bestreuen.

Tipp für das Punktekonto: Mit 1 EL Olivenöl weniger sparen Sie 2 Punkte pro Portion.

BLUMENKOHLSALAT MIT SPINAT

Für 4 Portionen

Pro Portion: 2 Punkte, 127 kcal, 6 g E, 8 g F, 6 g KH

- 1 kleiner Blumenkohl (ca. 500 g, geputzt gewogen)
- 250 g Babyspinat
- 500 ml Wasser
- je 1 rote und gelbe Paprikaschote
- 3 EL Weißweinessig
- 2 EL Olivenöl
- Salz, Pfeffer

1. Blumenkohl putzen, waschen und in Röschen teilen. In 2 Portionen im Mixtopf jeweils **4 Sekunden/Stufe 4** auf etwa Reiskorngröße zerkleinern. Dann in den Varoma schütten.
2. Den Spinat waschen, verlesen und in den Einlegeboden des Varoma legen. Wasser in den Mixtopf füllen, Varoma mit Einlegeboden aufsetzen und Blumenkohl und Spinat **18 Minuten/Varoma/Rührstufe** dämpfen.
3. Anschließend Varoma abnehmen und Blumenkohl und Spinat in eine Salatschüssel geben. Den Mixtopf ausleeren.
4. Die Paprikaschoten putzen, waschen und grob zerschneiden. Zusammen mit Essig, Olivenöl, Salz und Pfeffer in den Mixtopf geben und mit aufgesetztem Messbecher **3 Sekunden/Stufe 4** zerkleinern.
5. Paprika zum Blumenkohl und Spinat in die Schüssel geben, untermischen und Salat nochmals mit Salz und Pfeffer abschmecken.

SUPPEN

Suppen sind aus der Schlank-Küche nicht wegzudenken und machen auf Kopfdruck noch mal so viel Spaß. Ob Sie nun etwas Heißes für kalte Tage oder Erfrischendes in der Sommerhitze suchen – hier werden Sie fündig. Die Suppen sind auch für Meal Prep geeignet.

BABYSPINATCREME

Für 2 Portionen

Pro Portion: 4 Punkte, 153 kcal, 8 g E, 10 g F, 5 g KH

2 Schalotten
1 Knoblauchzehe
1 EL Rapsöl
300 g Babyspinat (frisch oder TK)
400 ml Gemüsebrühe
Salz, Pfeffer
etwas frisch geriebene Muskatnuss
100 g Joghurt

1. Schalotten abziehen und halbieren. Knoblauchzehe schälen. Beides in den Mixtopf geben und mit aufgesetztem Messbecher **3 Sekunden/Stufe 5** zerkleinern. Mit dem Spatel nach unten schieben, das Öl dazugeben und Gemüse **3 Minuten/120 °C/Stufe 2** andünsten.
2. Frischen Spinat waschen, verlesen und gut abtropfen lassen.
3. Die Gemüsebrühe und den Spinat in den Mixtopf geben und **10 Minuten/100 °C/Stufe 2** garen. Dann **10 Sekunden/Stufe 5–7 ansteigend** pürieren. Dabei den Mixtopf mit dem Messbecher verschließen!
4. Suppe mit Salz, Pfeffer und Muskatnuss abschmecken und den Joghurt **10 Sekunden/Stufe 3** einrühren. Suppe sofort auf 2 Teller verteilen und heiß servieren.

Tipp: Wenn Sie die Suppe etwas gehaltvoller genießen wollen, etwa vor einem Fastenintervall, geben Sie vor dem Servieren noch pro Portion 30 g gewürfelten Schafskäse oder Blauschimmelkäse dazu.

KALTE GURKENSUPPE MIT KEFIR

Für 2 Portionen

Pro Portion: 12 Punkte, 258 kcal, 17 g E, 17 g F, 10 g KH

- 1 kleine Salatgurke (ca. 400 g)
- 5 Stängel Basilikum
- 1–2 Knoblauchzehen
- ½ rote Peperonischote (nach Belieben)
- 400 ml Kefir
- Salz, Pfeffer
- Stilles Mineralwasser nach Bedarf
- 1 Kugel Mozzarella
- 4 getrocknete Tomaten ohne Öl
- 1 Stängel Dill

1. Die Gurke waschen und aus der Mitte einige dünne Scheiben zum Garnieren herausschneiden. Die restliche Gurke schälen und grob zerkleinern. Das Basilikum waschen, gut trocken tupfen und die Blätter abzupfen. Einige Blätter beiseitelegen. Die Knoblauchzehen schälen. Die Peperonischote, falls Sie eine verwenden wollen, waschen und die Kerne und Trennhäutchen entfernen.
2. Gurkenstücke, Basilikum, Knoblauch und eventuell auch die Peperonischote in den Mixtopf geben, Kefir dazugießen und alles mit aufgesetztem Messbecher **45 Sekunden/Stufe 5–9 ansteigend** pürieren. Mit Salz und Pfeffer abschmecken. Mit dem Mineralwasser bis zur gewünschten Konsistenz verdünnen.
3. Den Mozzarella abtropfen lassen und würfeln. Die Suppe auf 2 Teller verteilen, Mozzarella obenauf geben und Suppe mit den restlichen Basilikumblättern, Gurkenscheiben, getrockneten Tomaten und dem Dill garnieren.

Tipp: Zur Abwechslung können Sie diese erfrischende Suppe auch mit Minze statt des Basilikums zubereiten oder anstelle von Kefir Buttermilch verwenden. Gut machen sich obenauf in Streifen geschnittene getrocknete Tomaten.

Tipp für das Punktekonto: Wer statt Kefir Buttermilch nimmt, spart 3 Punkte!

GAZPACHO

Für 4 Portionen

Pro Portion: 2 Punkte, 114 kcal, 2 g E, 7 g F, 9 g KH

½ Brötchen
100 ml lauwarmes Wasser
1 Knoblauchzehe
1 kleine Zwiebel
150 g Salatgurke
1 rote Paprikaschote
1 kleine rote Peperonischote (nach Belieben)
500 g reife Tomaten
250 ml Gemüsebrühe
2 EL Olivenöl
1 EL Balsamessig
Salz, Pfeffer
einige Basilikumblätter

Tipp: Die eisgekühlte spanische Suppe ist im Sommer sehr erfrischend und wird gerne auch noch mit gehackten Zwiebeln und gehacktem hart gekochten Ei serviert. Croûtons sind ebenfalls oft mit dabei, wir haben aber von den Tomaten, der Paprikaschote und dem halben Brötchen schon genügend Kohlenhydrate auf dem Teller.

1. Das halbe Brötchen grob zerschneiden, in eine Schüssel legen und mit Wasser übergießen. Dann bis zur Verwendung einweichen lassen.
2. Knoblauchzehe schälen. Die Zwiebel abziehen und halbieren. ⅔ der Gurke schälen und grob in Stücke schneiden. Den Rest waschen und beiseitelegen.
3. Paprika- und Peperonischote waschen und putzen. Ebenfalls ⅔ davon grob in Stücke schneiden und den Rest beiseitelegen. Die Tomaten waschen, eine Tomate beiseitelegen, die restlichen halbieren und die Stielansätze herausschneiden.
4. Knoblauch, Zwiebel, Paprika und Peperonistücke in den Mixtopf geben und mit aufgesetztem Messbecher **5 Sekunden/Stufe 5** zerkleinern. Mit dem Spatel nach unten schieben und das ausgedrückte Brötchen, Gurkenstücke, Tomatenhälften, Gemüsebrühe und Olivenöl dazugeben und **40 Sekunden/Stufe 5–10 langsam ansteigend** fein pürieren. In eine Schüssel umfüllen und mit Balsamessig, Salz und Pfeffer abschmecken. Mehrere Stunden kalt stellen.
5. Vor dem Servieren die restlichen Gurken-, Paprika- und Peperonistücke würfeln. Die übrige Tomate mit heißem Wasser überbrühen, kalt abschrecken und die Haut abziehen. Tomate halbieren, die Stielansätze und Kerne entfernen und das Fruchtfleisch klein würfeln.
6. Die Suppe nochmals gut durchrühren und auf tiefe Teller oder Gläser verteilen. Das gewürfelte Gemüse obenauf geben oder getrennt dazu reichen und die Suppe mit Basilikum garniert servieren.

GRÜNE GAZPACHO

Für 4 Portionen

Pro Portion: 8 Punkte, 291 kcal, 7 g E, 26 g F, 8 g KH

- 75 g gemahlene Mandeln oder Haselnüsse
- 1 grüne Paprikaschote
- 200 g Staudensellerie
- 1 kleine Salatgurke
- 1–2 Knoblauchzehen
- 1 Bio-Limette
- 2 Fleischtomaten
- 4 EL Olivenöl
- 100 ml Wasser
- 2–3 EL Weißweinessig
- 10 Eiswürfel
- Salz, Pfeffer

1. Die Mandeln in einer beschichteten Pfanne ohne Fett goldgelb rösten und beiseitestellen.
2. Die Paprikaschote waschen, putzen, entkernen und grob zerschneiden. Die Selleriestängel waschen und putzen. Etwa 15 cm vom dünnen Ende eines Stängels in schmale Streifen schneiden und diese zur Dekoration beiseitelegen. Schöne Zweige vom Selleriegrün ebenfalls aufbewahren. Den Rest der Stängel und des Grüns grob hacken.
3. Die Gurke schälen und grob hacken. Die Knoblauchzehen abziehen. Die Limette heiß waschen, 2 TL Schale abreiben und die Frucht auspressen.
4. Die Tomaten waschen, vierteln, die Stielansätze und die Kerne entfernen und das Fruchtfleisch würfeln. ¼ der Tomatenwürfel zum Garnieren beiseitestellen.
5. Alles Gemüse und die Mandeln zusammen mit 2 EL Öl, Wasser, Essig, Limettenschale und -saft und Eiswürfeln **50 Sekunden/Stufe 5–8 ansteigend** pürieren.
6. Suppe mit Salz und Pfeffer abschmecken, auf 4 Tellern anrichten und mit den Selleriescheiben, -blättern sowie den Tomatenwürfeln dekorieren. Mit dem restlichen Olivenöl beträufelt sofort servieren.

Tipp: Sie können die Gazpacho natürlich auch vorbereiten und 2–3 Stunden im Kühlschrank durchkühlen lassen. Dann aber vor dem Servieren noch mal mit einigen Eiswürfeln aufmixen.

Tipp für das Punktekonto: Die Mandeln machen die Gazpacho zwar schön sämig, ohne Mandeln hat das Gericht aber nur 4 Punkte pro Portion. Wenn es schon ganz knapp ist in der Wochenbilanz, lassen Sie auch noch 2 EL Olivenöl weg, dann fallen nur 2 Punkte ins Gewicht.

FENCHEL-SAHNE-SUPPE MIT NÜSSEN

Für 4 Portionen
Pro Portion: 10 Punkte, 345 kcal, 9 g E, 27 g F, 10 g KH

1 Zwiebel
20 g Butter
600 g Fenchel
750 ml Gemüsebrühe
50 g Walnusshälften
300 ml Sahne (15 % Fett)
Salz, Pfeffer
etwas Zitronensaft

1. Die Zwiebel abziehen und vierteln. Die Butter **2 Minuten/85 °C/Stufe 1** im Mixtopf schmelzen lassen. Die Zwiebel dazugeben und mit aufgesetztem Messbecher **5 Sekunden/Stufe 5** zerkleinern. Mit dem Spatel nach unten schieben und **3 Minuten/100 °C/Stufe 1** andünsten.
2. In der Zwischenzeit den Fenchel waschen, putzen, halbieren und den Strunk herausschneiden. Das Fenchelgrün abschneiden, fein hacken und beiseitelegen. Die Knollen grob zerschneiden.
3. Den Fenchel in den Mixtopf geben und **3 Sekunden/Stufe 5** zerkleinern. (Messbecher!) Die Brühe angießen und alles **18 Minuten/100 °C/Stufe 1 linksdrehend** kochen.
4. In der Zwischenzeit die Walnusshälften – nach Belieben – in einer beschichteten Pfanne ohne Fett rösten.
5. Die Sahne zur Suppe geben, mit dem Spatel unterrühren und Suppe mit Salz, Pfeffer und Zitronensaft abschmecken. Das Ganze nochmals **2 Minuten/100 °C/Stufe 1 linksdrehend** erhitzen.
6. Suppe auf 4 Teller verteilen und mit Fenchelgrün und Walnüssen bestreut servieren.

Tipp: Fisch macht sich gut zur Fenchelsuppe. Sie können ihn, während die Suppe kocht, im Varoma dämpfen. Zum Beispiel 300 g Steinbeißerfilet in 8 Streifen schneiden, mit etwas Zitrone beträufeln und pfeffern. Ein Stück Backpapier für den Einlegeboden zurechtschneiden (die seitlichen Schlitze müssen frei bleiben), den Fisch darauflegen und dann alles zusammen **18 Minuten/Varoma/Stufe 1 linksdrehend** zubereiten.

GRÜNKOHLSUPPE MIT MINZE UND MANDELN

Für 4 Portionen

Pro Portion: 4 Punkte, 235 kcal, 8 g E, 19 g F, 8 g KH

400 g Grünkohl (frisch oder tiefgekühlt)
1 große Zwiebel
2 EL Rapsöl
800 ml Gemüsebrühe
50 g Mandelblättchen
2 Stängel frische Minze
1 Orange
1–2 EL scharfer Senf
Salz, Pfeffer

1. Tiefgekühlten Grünkohl auftauen lassen. Frischen Grünkohl in Blätter teilen, unter fließendem Wasser gründlich waschen (in den krausen Blättern ist oft noch Sand versteckt), die harten Mittelachsen herausschneiden und die Blätter grob zerschneiden.
2. Die Zwiebel abziehen und vierteln. Zusammen mit dem Öl in den Mixtopf geben, Messbecher aufsetzen und **5 Sekunden/Stufe 5** zerkleinern. Zwiebel mit dem Spatel nach unten schieben und **3 Minuten/120 °C/Stufe 1** andünsten. Frischen Grünkohl dazugeben und weitere **3 Minuten/120 °C/Stufe 2** andünsten.
3. Die Gemüsebrühe angießen und Suppe **16 Minuten/Stufe 2** kochen, bis der Grünkohl weich ist. (Aufgetauten Grünkohl **10 Minuten/Stufe 2** kochen.)
4. In der Zwischenzeit die Mandelblättchen in einer beschichteten Pfanne ohne Fett goldgelb rösten. Die Minze waschen, trocken schütteln und die Blätter von den Stängeln zupfen. Die Orange auspressen.
5. Minzeblätter und Orangensaft zur Suppe geben, Messbecher aufsetzen und Suppe **45 Sekunden/Stufe 8** fein pürieren.
6. Suppe mit Senf, Salz und Pfeffer abschmecken, nochmals **10 Sekunden/Stufe 3** (Messbecher!) durchrühren. Auf vier Teller verteilen und mit den Mandelblättchen bestreut servieren.

Tipp: Grünkohl ist recht herb im Geschmack und nicht jedermanns Sache. Der Orangensaft mildert das schon etwas ab. Wenn Sie den Geschmack noch weiter abrunden wollen: 100 ml Mandel-Cuisine oder 50 g Frischkäse **10 Sekunden/Stufe 3** unterrühren.

LAUCHSUPPE MIT CAJUN-SHRIMPS

Für 2 Portionen

Pro Portion: 6 Punkte, 212 kcal, 9 g E, 16 g F, 8 g KH

- 1 dicke Stange Lauch (ca. 300 g geputzt gewogen)
- 1 kleine Zwiebel
- 1 EL Kokosöl
- 600 ml Gemüsebrühe
- 3 Stängel Dill
- 100 g gekochte und geschälte Tiefsee-Shrimps
- ½ TL Cajun-Gewürz
- 1 TL Olivenöl
- Salz, Pfeffer
- etwas Zitronensaft, nach Belieben

1. Den Lauch putzen, ab dem oberen Ende aufschlitzen, auffächern und gründlich waschen. Grob in Stücke schneiden. Die Zwiebel abziehen und vierteln.
2. Kokosöl in den Mixtopf geben und **2 Minuten/120 °C/Stufe 1** schmelzen. Die Zwiebel dazugeben und mit aufgesetztem Messbecher **3 Sekunden/Stufe 5** zerkleinern. Mit dem Spatel nach unten schieben und **3 Minuten/120 °C/Stufe 1,5** andünsten.
3. Die Lauchstücke dazugeben und **3 Sekunden/Stufe 5 zerkleinern**. (Messbecher!) Weitere **3 Minuten/120 °C/Stufe 2** andünsten.
4. Mit der Gemüsebrühe aufgießen und das Gemüse in **15 Minuten/100 °C/Stufe 1** weich kochen.
5. In der Zwischenzeit den Dill waschen, mit Küchenpapier trocken tupfen, die Blätter von den Stängeln zupfen und fein hacken.
6. Die Shrimps waschen, trocken tupfen, in eine Schüssel geben und mit dem Cajun-Gewürz vermischen. Eine beschichtete Pfanne mit Olivenöl auspinseln, erhitzen und die Shrimps darin scharf anbraten. Dann beiseitestellen.
7. Die Lauchsuppe zugedeckt **30–40 Sekunden/Stufe 7** (je nachdem, wie cremig sie sein soll) pürieren. Mit Salz, Pfeffer und nach Belieben Zitronensaft abschmecken und den Dill **10 Sekunden/Stufe 4** unterrühren. Suppe auf Gläser oder Teller verteilen und die Shrimps obenauf geben.

Info: Cajun ist ein Gewürz, das ursprünglich aus den amerikanischen Südstaaten stammt, mittlerweile aber bei Grillfans als Rub auch bei uns sehr beliebt ist. Sie bekommen Cajun in gut sortierten Supermärkten und im Internet.

Tipp: Wenn Sie nur eine Portion gleich essen, können Sie die Suppe mit Shrimps zugedeckt im Kühlschrank aufbewahren und am nächsten Tag verzehren oder auch mitnehmen. Für Gäste machen Sie einfach die doppelte Menge.

TOMATEN-PAPRIKA-SUPPE

Für 4 Portionen

Pro Portion: 1 Punkt, 112 kcal, 3 g E, 7 g F, 9 g KH

1 Bund Frühlingszwiebeln
2 Knoblauchzehen
1 kleine rote Peperonischote (nach Belieben)
250 g rote Paprikaschoten
150 g grüne Paprikaschoten
100 g Zucchini
500 g reife Tomaten
1 EL Olivenöl
500 ml Gemüsebrühe
Salz, Pfeffer
1–2 EL Balsamessig
einige Basilikumblätter

1. Frühlingszwiebeln putzen, waschen und grob zerschneiden. Etwas vom dunklen Grün beiseitelegen. Knoblauchzehen schälen. Peperonischote waschen, putzen, längs halbieren und die Kerne entfernen.
2. Paprikaschoten waschen und putzen. Grob in Stücke schneiden. Zucchini waschen, putzen und zerschneiden. Die Tomaten waschen, halbieren und die Stielansätze herausschneiden.
3. Lauchgrün und einige Paprika- und Zucchinistücke in den Mixtopf geben und mit aufgesetztem Messbecher **3 Sekunden/Stufe 4** zerkleinern. In eine Schüssel umfüllen und beiseitestellen.
4. Zwiebeln, Knoblauch und Peperoni zusammen mit dem Olivenöl in den Mixtopf geben und **5 Sekunden/Stufe 5** zerkleinern. (Messbecher!) Mit dem Spatel nach unten schieben. **3 Minuten/120 °C/Stufe 1,5** andünsten.
5. Das restliche vorbereitete Gemüse und die Brühe in den Mixtopf geben und alles **17 Minuten/100 °C/Stufe 1** kochen. Anschließend **20 Sekunden/Stufe 6** nicht zu fein pürieren. (Messbecher!)
6. Die Suppe mit Salz, Pfeffer und Essig abschmecken, auf 4 Teller verteilen und die vorbereiteten Gemüsestücke in die Mitte geben. Nach Belieben mit Basilikumblättern dekoriert servieren.

Tipp: Im heißen Sommer können Sie die Suppe auch eisgekühlt reichen. Dafür sollte sie nach dem Abkühlen mindestens 3 Stunden – besser über Nacht – in den Kühlschrank.

BLUMENKOHL-KURKUMA-SUPPE MIT PESTO

Für 4 Portionen

Pro Portion: 4 Punkte, 196 kcal, 5 g E, 17 g F, 7 g KH

- 500 g Blumenkohl
- 100 g Topinamburen (ersatzweise Kartoffeln)
- 1 kleine Zwiebel
- 1 Knoblauchzehe
- 2 EL Olivenöl
- 750 ml Gemüsebrühe
- 2 EL Zitronensaft
- 1 gehäufter TL Kurkuma
- 20 g Pinienkerne
- Salz, Pfeffer
- 4 TL grünes Pesto (aus dem Glas)

1. Den Blumenkohl putzen. Dabei die grünen Blätter und den Strunk sorgfältig entfernen, da beides einen bitteren Geschmack verursachen kann. Blumenkohl in Röschen teilen und waschen. Die Topinamburen schälen und halbieren. Zwiebel und Knoblauch abziehen, Zwiebel vierteln.
2. Zwiebel und Knoblauch mit 1 EL Öl in den Mixtopf geben und mit aufgesetztem Messbecher **5 Sekunden/Stufe 5** zerkleinern. Mit dem Spatel nach unten schieben und **3 Minuten /120 °C/Stufe 1,5** andünsten.
3. Blumenkohl und die Topinamburen dazugeben und **4 Sekunden/Stufe 4,5** zerkleinern. (/Messbecher!) Die Brühe angießen, 1 EL Zitronensaft und Kurkuma in den Mixtopf geben und alles **16 Minuten/100 °C/ Stufe 1** zugedeckt kochen. Anschließend **40 Sekunden/Stufe 5** pürieren. (Messbecher nicht vergessen!)
4. Nach Belieben die Pinienkerne in einer beschichteten Pfanne ohne Fett goldgelb rösten.
5. Die Suppe mit Salz, Pfeffer und – nach Belieben – dem restlichen Zitronensaft abschmecken und **10 Sekunden/Stufe 3** durchrühren.
6. Suppe auf 4 tiefe Teller verteilen, je 1 TL Pesto daraufgeben, mit dem restlichen Olivenöl beträufeln und mit den Pinienkernen bestreut servieren.

Info: Topinamburen finden Sie von Oktober bis Mai auf Wochenmärkten und in gut sortierten Supermärkten. Die bizarren Knollen gelten in manchen Ländern als Delikatesse, bei uns hingegen wurden sie bislang hauptsächlich zur Schnapserzeugung verwendet. Damit ist Schluss, seit man darauf gekommen ist, wie gut Topinambur schmeckt und wie wenig verwertbare Kohlenhydrate darin enthalten sind. Den Beinamen »Diabetikerkartoffel« tragen sie zu Recht. Das in ihnen enthaltene Kohlenhydrat Inulin wird nämlich im Dünndarm nicht aufgenommen und damit nicht in Glucose umgewandelt.

GULASCHSUPPE MIT GEMÜSE

Für 4 Portionen

Pro Portion: 2 Punkte, 259 kcal, 24 g E, 13 g F, 10 g KH

1 große Zwiebel
2 Knoblauchzehen
1 rote Peperonischote (nach Belieben)
1 EL Rapsöl
800 ml Gemüse- oder Fleischbrühe
400 g Rinds- oder Schweinegulasch möglichst in Bio-Qualität
2 EL Paprikapulver edelsüß (nach Belieben einen Teil davon rosenscharf)
1 rote Paprikaschote
100 g Rispentomaten
100 g Möhren
200 g Topinamburen (ersatzweise Kartoffeln)
4 Stängel glatte Petersilie
Salz, Pfeffer

1. Die Zwiebel abziehen und vierteln. Knoblauchzehen schälen. Peperonischote waschen, längs aufschlitzen, Kerne entfernen und Schote vierteln. Zwiebel, Knoblauch und Peperoni mit dem Rapsöl in den Mixtopf geben und mit aufgesetztem Messbecher **5 Sekunden/Stufe 5** zerkleinern. Mit dem Spatel nach unten schieben und **3 Minuten/120 °C/Stufe 1,5** andünsten.
2. 100 ml Brühe angießen und alles **10 Sekunden/Stufe 6** pürieren. (Messbecher!) Fleisch und Paprikapulver dazugeben und **5 Minuten/120 °C/Stufe 1 linksdrehend** andünsten. Mit der restlichen Brühe aufgießen und Suppe **30 Minuten/90 °C/Rührstufe linksdrehend** sanft garen.
3. In der Zwischenzeit die Paprikaschote waschen, putzen und in Rauten schneiden. Die Tomaten waschen, halbieren, Stielansätze und Kerne entfernen und das Fruchtfleisch klein schneiden. Möhren und Topinamburen putzen, schälen, waschen und würfeln.
4. Das vorbereitete Gemüse zur Suppe geben und weitere **18–20 Minuten/100 °C/Rührstufe linksdrehend** weich kochen.
5. Die Petersilie waschen, trocken schütteln und die Blätter von den Stängeln zupfen.
6. Die Suppe mit Salz und Pfeffer abschmecken und mit der Petersilie bestreut servieren.

Tipp: Wenn die Suppe doch mal zu scharf geworden ist, hilft 1 EL saure Sahne obenauf.

Tipp für das Punktekonto: Bei Verwendung von Fleisch müssen Sie 1 Punkt mehr rechnen.

BROKKOLISUPPE MIT TOPINAMBUR UND PINIENKERNEN

Für 4 Portionen
Pro Portion: 5 Punkte, 208 kcal, 7 g E, 16 g F, 9 g KH

3 Schalotten
1 EL Rapsöl
400 g Brokkoli
150 g Topinambur (ersatzweise Kartoffeln)
800 ml Gemüsebrühe oder Wasser
3 Stängel frische Minze oder Zitronenmelisse
40 g Pinienkerne
100 g Kokos-Cuisine
Salz, Pfeffer
frisch geriebene Muskatnuss
etwas Zitronensaft

1. Die Schalotten abziehen, halbieren und in den Mixtopf geben und mit aufgesetztem Messbecher **5 Sekunden/Stufe 5** zerkleinern. Mit dem Spatel nach unten schieben, das Rapsöl dazugeben und Schalotten **4 Minuten/120 °C/Stufe 1,5** andünsten.
2. Brokkoli waschen, die Röschen abschneiden, den Stängel putzen, schälen und grob zerschneiden. Einige kleine Röschen zum Garnieren in den Varoma legen. Die Topinamburen schälen, waschen und zerschneiden.
3. Brokkoli und Topinamburen in den Mixtopf geben und **3 Sekunden/Stufe 4** zerkleinern. (Messbecher!) Brühe oder Wasser angießen, den Varoma aufsetzen und Gemüse **20 Minuten/100 °C/Stufe 1,5** weich kochen.
4. Die Minze waschen, trocken schütteln und die Blätter von den Stängeln zupfen. Die Pinienkerne in einer beschichteten Pfanne ohne Fett goldgelb rösten.
5. Minze und Kokos-Cuisine zur Suppe geben und diese **40 Sekunden/Stufe 5** pürieren. Mit Salz, Pfeffer, Muskatnuss und Zitronensaft abschmecken.
6. Suppe auf vier Teller verteilen, die Brokkoliröschen in die Mitte setzen und Pinienkerne darüberstreuen.

SPARGELSUPPE MIT KRESSE

Für 4 Portionen

Pro Portion: 2 Punkte, 92 kcal, 4 g E, 7 g F, 4 g KH

2 Schalotten
10 g Kokosöl
500 g weißer Spargel (preiswert: Bruch mit Köpfchen)
1 Kästchen Gartenkresse
750 ml Gemüsebrühe
200 ml ungesüßter Mandeldrink
Salz, Pfeffer
1–2 EL Zitronensaft

1. Die Schalotten abziehen und halbieren. In den Mixtopf geben und mit aufgesetztem Messbecher **5 Sekunden/Stufe 5** zerkleinern. Mit dem Spatel nach unten schieben, das Kokosöl dazugeben und Schalotten **3,5 Minuten/100 °C/Stufe 1,5** andünsten.
2. Den Spargel schälen, die holzigen Enden abtrennen. Die Köpfchen abschneiden und in den Varoma legen, die restlichen Stangen grob in Stücke zerteilen. Die Kresse waschen, gut abtropfen lassen und die Pflänzchen abschneiden.
3. Brühe in den Mixtopf gießen, die Spargelstücke dazugeben, den Varoma mit den Spargelköpfchen aufsetzen und **20 Minuten/Varoma/Stufe 0,5** garen. Den Varoma abnehmen und beiseitestellen.
4. Die Suppe **30 Sekunden/Stufe 8** fein pürieren. (Messbecher!) Mandeldrink in die Suppe geben und **5 Sekunden/Stufe 3** einrühren.
5. Suppe mit Salz, Pfeffer und Zitronensaft abschmecken. Auf 4vier Teller verteilen, die Spargelköpfchen in die Mitte setzen und Kresse darüberstreuen.

Tipp: Die Kästchen mit frischer Kresse sind das ganze Jahr über aus Gewächshäusern lieferbar. Ab dem Frühjahr jedoch gibt es auch Freiland-Kresse oder Kresse von Ihrer Fensterbank. Die winzigen Pflänzchen sind ganz groß bei der Vitaminerzeugung und können auf feuchtem Watteflies oder Küchenpapier keimen und wachsen.
Das können Sie auch mit Rettich- oder Erbsensamen, Alfalfa und sogar Chiasamen machen. Extraplus: Es macht besonders Kindern viel Spaß, das Grün beim Sprießen zu beobachten.

CAPRESESUPPE

Für 4 Portionen

Pro Portion: 16 Punkte, 503 kcal, 24 g E, 41 g F, 9 g KH

750 g reife Tomaten
1 Zwiebel
1 Knoblauchzehe
3 EL Olivenöl
500 ml Gemüsebrühe
je 1 Zweig Thymian und Oregano
4 Kugeln Mozzarella
4 Stängel Basilikum
Salz, Pfeffer

1. Die Tomaten waschen, halbieren und die Stielansätze herausschneiden. Zwiebel abziehen und vierteln. Knoblauchzehe schälen.
2. Zwiebel, Knoblauch und 1 EL Olivenöl in den Mixtopf geben und mit aufgesetztem Messbecher **5 Sekunden/Stufe 5** zerkleinern. Mit dem Spatel nach unten schieben und **4 Minuten/120 °C/Stufe 1,5** andünsten.
3. Tomaten, Brühe, Thymian und Oregano in den Mixtopf geben und Tomaten mit dem Garkörbchen als Spritzschutz obenauf **25 Minuten/95 °C/Stufe 1** sehr weich kochen.
4. In der Zwischenzeit die Mozzarellakugeln aus den Packungen nehmen, gut abtropfen lassen und in Scheiben schneiden. Das Basilikum waschen, trocken schütteln und die Blätter von den Stängeln zupfen.
5. Thymian- und Oreganozweig aus dem Mixtopf fischen und die Suppe **40 Sekunden/Stufe 6** pürieren. Mit Salz und Pfeffer abschmecken.
6. Die Suppe auf 4 Teller verteilen, die Mozzarellascheiben in die Mitte legen und die Basilikumblätter darüber verteilen. Mit je ½ EL Olivenöl beträufeln und gleich servieren.

Tipp: Die Suppe schmeckt nach Gazpachoart auch gut gekühlt. Die abgekühlte Suppe (kann gut 2 Tage im Kühlschrank aufbewahrt werden) vor dem Servieren noch mal in den Mixtopf geben und mit 10 Eiswürfeln 30 Sekunden/Stufe 8 cremig mixen.

Tipp für das Punktekonto: Mozzarella light spart in diesem Rezept 6 Punkte pro Portion.

GURKEN-AVOCADO-CREME MIT GARNELEN

Für 4 Portionen

Pro Portion: 12 Punkte, 350 kcal, 17 g E, 28 g F, 8 g KH

300 g reife Avocados
500 g Garten- oder Snackgurken
2 Schalotten
1 Bio-Zitrone
400 ml Gemüse- oder Fischfond (aus dem Glas)
150 g Crème fraîche
Salz, Cayennepfeffer
1 EL Kürbiskerne
250 g gekochte Garnelen (aus dem Kühlregal)

1. Die Avocados längs halbieren, den Stein entfernen und das Fruchtfleisch mit einem Löffel aus der Schale heben. Die Gurken putzen, schälen und grob zerschneiden. Die Schalotten abziehen und halbieren. Die Zitrone heiß waschen und 2 TL Schale fein abraspeln. Die Frucht auspressen.
2. Gurken und Schalotten in den Mixtopf geben und mit aufgesetztem Messbecher **5 Sekunden/Stufe 5** zerkleinern. Mit dem Spatel nach unten schieben und den Vorgang wiederholen.
3. Avocadofruchtfleisch, Fond, Zitronenschale und Crème fraîche dazugeben und **20 Sekunden/Stufe 4** cremig rühren. Mit Salz, Cayennepfeffer und Zitronensaft pikant abschmecken, in eine Schüssel umfüllen und 2–3 Stunden im Kühlschrank zugedeckt kalt stellen.
4. Vor dem Servieren die Kürbiskerne in einer beschichteten Pfanne ohne Fett rösten und hacken.
5. Die Creme auf 4 Teller verteilen (eventuell mit etwas kalter Milch oder ungesüßtem Mandeldrink verdünnen), die Garnelen hineingeben und Creme mit den Kürbiskernen bestreut servieren.

Info: Die kleinen Gartengurken oder die noch kleineren Snackgurken sind aromatischer als die großen. Zudem kommen sie meist aus regionalem Anbau.

Tipp für das Punktekonto: saure Sahne statt Crème fraîche – schon sind 4 Punkte gespart.

KÜRBISSUPPE MIT SALBEI-NUSS-PESTO

Für 4 Portionen

Pro Portion: 8 Punkte, 277 kcal, 6 g E, 24 g F, 9 g KH

25 g frische Salbeiblätter
80 g Walnusskerne
2 EL Olivenöl
½ Bio-Zitrone
Salz, Pfeffer
400 g Hokkaido-, Flaschen- oder Muskatkürbis (vorbereitet gewogen)
1 große Zwiebel
1 Knoblauchzehe
1 EL Rapsöl
800 ml Gemüsebrühe
1 gestr. EL gemahlene Kurkuma

1. Für das Pesto die Salbeiblätter waschen und mit Küchenpapier trocken tupfen. Einige Blätter zum Garnieren beiseitelegen, den Rest grob hacken. Zusammen mit den Walnüssen und dem Olivenöl in den Mixtopf geben und mit aufgesetztem Messbecher **5 Sekunden/Stufe 6** zerkleinern. Den Vorgang 2–3 Mal wiederholen, dabei die Masse zwischendurch immer wieder mit dem Spatel nach unten schieben. Pesto dann in eine Schüssel umfüllen. Den Mixtopf spülen.
2. Zitrone waschen und gut abtrocknen, 1 TL Schale abreiben und den Saft auspressen. Zitronenschale unter das Pesto rühren und dieses mit Salz und Pfeffer abschmecken.
3. Kürbis waschen (Hokkaido) bzw. schälen und entkernen. Kürbisfruchtfleisch grob zerschneiden. Die Zwiebel abziehen und grob hacken. Die Knoblauchzehe schälen.
4. Zwiebel und Knoblauch in den Mixtopf geben und mit aufgesetztem Messbecher **5 Sekunden/Stufe 5** zerkleinern. Das Rapsöl dazugeben und das Gemüse **4 Minuten/120 °C/Stufe 1,5** andünsten.
5. Kürbis und Brühe dazugeben und Kürbis in **15 Minuten/100 °C/Stufe 1** mit dem Garkörbchen als Spritzschutz aufgesetzt weich kochen. Anschließend Suppe **45 Sekunden/Stufe 7** fein pürieren. Mit Zitronensaft, Salz und Pfeffer abschmecken. Kurkuma **10 Sekunden/Stufe 4** unterrühren.
6. Zum Servieren die Suppe auf 4 Teller verteilen, jeweils 1 EL Pesto leicht einrühren und mit den restlichen Salbeiblättern garniert servieren.

FLEISCH

Fleisch wie auch Fisch macht lang anhaltend satt und ist ein guter Eiweißlieferant. Für Freunde des Intervallfastens und Low-Carb-Anhänger ist das ein großer Vorteil. In der Punktediät schlagen diese Eiweißträger eher zu Buche – je nachdem, wie viele Punkte Sie zur Verfügung haben, müssen Sie hier etwas vorsichtig sein.

RINDERBÄLLCHEN IN TOMATENSAUCE

Für 2 Portionen

Pro Portion: 7 Punkte, 374 kcal, 11 g E, 20 g F, 10 g KH

- 1 mittelgroße Zwiebel
- 2 Knoblauchzehen
- 4 Stängel glatte Petersilie
- 450 g reife, aromatische Tomaten
- 20 g Parmesan
- 2 EL Rapsöl
- 200 g Rinderhackfleisch
- 1 Ei, Größe M
- Salz, Pfeffer
- 15 g Tomatenmark (nach Belieben)

Tipp: Die Tomatensauce können Sie gut auf Vorrat zubereiten und dann die Fleischbällchen nach Belieben auch mal in der Pfanne braten und mit der Sauce servieren.

1. Die Zwiebel abziehen und halbieren, Knoblauchzehen schälen. Die Petersilie waschen, mit Küchenpapier trocken tupfen und die Blätter von den Stielen zupfen. Die Tomaten waschen, halbieren und die Stielansätze entfernen.
2. Den Parmesan in den Mixtopf geben und mit aufgesetztem Messbecher **10 Sekunden/Stufe 9** raspeln. In eine kleine Schüssel umfüllen. Den Mixtopf nicht spülen.
3. ½ Zwiebel, 1 Knoblauchzehe und die Petersilie in den Mixtopf geben und mit aufgesetztem Messbecher **3 Sekunden/Stufe 7** zerkleinern. Mit dem Spatel nach unten schieben und Vorgang wiederholen. 1 EL Öl dazugeben und alles **5 Minuten/120 °C/ Stufe 1** andünsten.
4. Rinderhackfleisch, Ei, Parmesan, Salz und Pfeffer hinzugeben und **10 Sekunden/Stufe 4 linksdrehend** vermischen. Fleischmasse in eine Schüssel umfüllen. Den Mixtopf spülen und abtrocknen.
5. Den Einlegeboden des Varoma mit Backpapier auslegen und dieses befeuchten – dabei die seitlichen Schlitze zur Dampfzirkulation frei lassen. Aus dem Hackfleischgemisch mit feuchten Händen 10 kleine Bällchen formen und diese in den Varoma-Einlegeboden legen.
6. Die restliche Zwiebel und 1 Knoblauchzehe in den Mixtopf geben und mit aufgesetztem Messbecher **3 Sekunden/Stufe 5** zerkleinern. Das restliche Öl dazugeben und Gemüse **3 Minuten/120 °C/Stufe 1,5** andünsten. Die Tomaten und – nach Belieben – das Tomatenmark dazugeben und die Sauce **10 Sekunden/Stufe 6** pürieren. (Messbecher!)
7. Den Varoma aufsetzen und die Fleischbällchen über der Tomatensauce **20 Minuten/100 °C/Stufe 1** garen. Zum Servieren die Fleischbällchen in tiefe Teller geben und mit der Sauce übergießen.

RINDERGULASCH MIT PILZEN UND SCHALOTTEN

Für 4 Portionen

Pro Portion: 7 Punkte, 416 kcal, 47 g E, 21 g F, 9 g KH

300 g Zwiebeln
2 EL Olivenöl
1 EL Tomatenmark
50 g Speck- oder Schinkenwürfel
250 g Schalotten oder Perlzwiebeln
250 g braune oder weiße Champignons
800 g Rindergulasch (möglichst in Bio-Qualität)
400 ml Rinderfond oder Gemüsebrühe
2 Lorbeerblätter
1 TL Salz
1 gestrichener EL getrockneter Majoran
1 TL Kümmel
1 EL Speisestärke
20 ml kaltes Wasser
Pfeffer
einige Blätter Basilikum oder Petersilie

1. Die Zwiebeln abziehen und vierteln. In den Mixtopf geben und mit aufgesetztem Messbecher **5 Sekunden/Stufe 5** zerkleinern. Mit dem Spatel nach unten schieben. Öl, Tomatenmark und Speckwürfel dazugeben und alles **5 Minuten/120 °C/Stufe 2,5** andünsten.
2. In der Zwischenzeit die Schalotten abziehen. Die Champignons mit Küchenpapier säubern, größere Exemplare halbieren. Ganze Schalotten und die Champignons in den Varoma legen.
3. Rindfleisch in mundgerechte Würfel schneiden und mit Rinderfond, Lorbeerblättern, Salz, Majoran und Kümmel in den Mixtopf geben. Den Varoma aufsetzen und das Ganze zugedeckt **50 Minuten/100 °C/Stufe 1 linksdrehend** garen. Zwischendurch kontrollieren, ob noch genügend Flüssigkeit im Topf ist, und gegebenenfalls 50–100 ml Brühe oder Wasser ergänzen.
4. Den Varoma abnehmen und beiseitestellen. Speisestärke mit Wasser glatt rühren, zum Fleisch geben und alles weitere **5 Minuten/100 °C/Stufe 1 linksdrehend** garen.
5. Gulasch mit Salz und Pfeffer abschmecken, Schalotten und Champignons mit dem Spatel unterheben und das Ganze noch einmal **2 Minuten/100 °C/Stufe 2,5 linksdrehend** durchmischen.
6. Lorbeerblätter aus dem Gulasch fischen. Gulasch auf 4 Tellern anrichten und nach Belieben mit Basilikum oder Petersilie garnieren.

LAMMLACHSE IN WIRSINGBLÄTTERN

Für 4 Portionen

Pro Portion: 9 Punkte, 367 kcal, 44 g E, 17 g F, 8 g KH

1 kleiner Wirsing (ca. 800 g)
600 ml Wasser
1 große Zwiebel
2 Stängel Dill oder Majoran (oder jeweils 1 flacher EL getrocknet)
2 EL Rapsöl
2 EL weißer Essig
2 TL Kümmel
4 Lammlachse (à ca. 150 g)
80 g Feta
Salz, Pfeffer
50 g Crème fraîche

Tipp: Wenn Sie keine Lust haben, Päckchen zu machen, bereiten Sie den gesamten Wirsing als Gemüse zu und legen als Beilage 4 Scheiben Kasseler (à etwa 150–200 g) gleich zu Beginn der Wirsinggarzeit in den Varoma-Einlegeboden. Das Fleisch nach 20 Minuten Garzeit wenden. Vorsicht beim Anheben des Varoma-Deckels! Ein gutes Aroma bekommt das Fleisch, wenn Sie es auf je 1 Lorbeerblatt und 3 zerdrückte Wacholderbeeren legen.

1. 8 große äußere Wirsingblätter abteilen und gründlich waschen. Im Varoma und Varoma-Einlegeboden locker verteilen. 250 ml Wasser in den Mixtopf gießen, Varoma mit Einlegeboden aufsetzen und Wirsing **15 Minuten/Varoma/Stufe 1** dämpfen, bis die Blätter weich sind. Blätter und Gerät abkühlen lassen.
2. In der Zwischenzeit den restlichen Wirsing waschen, achteln und den harten Strunk entfernen. Die Zwiebel abziehen und vierteln, Dill oder Majoran waschen, mit Küchenpapier trocken tupfen und Blättchen von den Stielen zupfen.
3. Varoma abnehmen und beiseitestellen. Mixtopf ausleeren und abtrocknen. Den geschnittenen Wirsing in den Mixtopf geben und **2 x 5 Sekunden/Stufe 5** mithilfe des Spatels zerkleinern, dann in eine Schüssel umfüllen.
4. Zwiebel und Dill oder Majoran in den Mixtopf geben und mit aufgesetztem Messbecher **5 Sekunden/Stufe 5** zerkleinern. Mit dem Spatel nach unten schieben und das Öl dazugeben. **3 Minuten/120 °C/Stufe 1,5** andünsten.
5. Den Wirsing einfüllen, das restliche Wasser, Essig und Kümmel dazugeben und alles **20 Minuten/100 °C/Stufe 1 linksdrehend** garen.
6. In der Zwischenzeit die Lammlachse quer halbieren und auf die blanchierten Wirsingblätter legen. Jeweils 10 g Feta darauf verteilen, die Blätter zu Päckchen aufrollen und mit Zahnstochern fixieren. Mit der Naht nach unten in den Varoma legen.
7. Nach Ende der Wirsinggarzeit den Varoma auf den Mixtopf setzen, noch mal **20 Minuten/100 °C/Stufe 1** einstellen und alles zusammen fertig garen.

Tipp für das Punktekonto:
Wenn Sie die Crème fraîche weglassen, können Sie 2 Punkte pro Portion abziehen.

8. Den Varoma abnehmen und beiseitestellen. Das Wirsinggemüse mit Salz und Pfeffer abschmecken, Crème fraîche in den Mixtopf geben und **5 Sekunden/ Stufe 2 linksdrehend** vermischen. Je 2 Wirsingpäckchen auf 4 Tellern anrichten und das Gemüse danebensetzen.

PUTENCURRY »VINDALOO«

Für 4 Portionen

Pro Portion: 8 Punkte, 346 kcal, 38 g E, 18 g F, 6 g KH

- 1 große Zwiebel
- 2 Knoblauchzehen
- 1 walnussgroßes Stück Ingwer
- 1 rote Peperonischote
- 2 Stängel glatte Petersilie oder Koriander
- 2 EL Rapsöl
- 2 EL Tomatenmark
- 250 g Tomaten
- 600 g Putenbrustfilet
- 200 ml Gemüse- oder Geflügelbrühe
- 1–2 EL Madras-Currypulver (scharf) oder Garam Masala (milder)
- 200 ml cremige Kokosmilch
- Salz

1. Zwiebel abziehen und vierteln. Knoblauchzehen schälen. Ingwer schälen und grob hacken.
2. Die Peperonischote waschen, längs aufschlitzen und Kerne und Rippen (dort sitzt die meiste Schärfe) entfernen. Fruchtfleisch grob zerschneiden. Die Petersilie waschen, mit Küchenpapier trocken tupfen, die Blätter von den Stängeln zupfen und hacken.
3. Zwiebel, Knoblauch, Ingwer und Peperoni mit dem Öl in den Mixtopf geben und mit aufgesetztem Messbecher **5 Sekunden/Stufe 5** zerkleinern. Mit dem Spatel nach unten schieben und **5 Minuten/120 °C/Stufe 1,5** andünsten.
4. Das Tomatenmark dazugeben und weitere **2 Minuten/120 °C/Stufe 1,5** dünsten.
5. Die Tomaten waschen, halbieren und die Stielansätze herausschneiden. Das Putenfleisch in mundgerechte Stücke schneiden.
6. Tomaten, Fleisch, Brühe und Curry in den Topf geben und alles zugedeckt **50 Minuten/80 °C/Stufe 0,5 linksdrehend** schmoren.
7. Die Kokosmilch dazugießen und das Ganze **3 Minuten/100 °C/Stufe 2 linksdrehend** erhitzen. Mit Salz abschmecken, auf 4 Teller verteilen und mit Petersilie oder Koriander bestreut servieren.

Tipp: Etwa 200 g gesalzener Joghurt oder Skyr passen gut dazu und kühlen, sollte das Gericht zu scharf geworden sein.

Tipp für das Punktekonto: Fettreduzierte Kokosmilch spart pro Portion 3 Punkte!

PUTENGESCHNETZELTES MIT PILZEN UND TOMATEN

Für 4 Portionen

Pro Portion: 4 Punkte, 297 kcal, 41 g E, 11 g F, 7 g KH

- 600 g Putenbrust
- 300 g Pilze (z. B. Shiitake, Pfifferlinge oder Champignons)
- 1 Zwiebel
- 15 g Kokosöl oder 1 EL Rapsöl
- 1 gehäufter TL Paprikapulver, rosenscharf oder edelsüß
- 500 ml Gemüsebrühe
- 4 Stängel krause Petersilie
- 200 g Cocktailtomaten
- 1 EL Stärkemehl (Guarkernmehl, Agar-Agar oder Saucenbinder)
- 50 ml Schlagsahne oder Crème fraîche
- Salz, Pfeffer

Tipp: Das Geschnetzelte kann gut 2–3 Tage im Kühlschrank aufbewahrt werden. Bei milder Hitze aufgewärmt schmeckt es fast noch besser.

1. Die Putenbrust in etwa 1 ½ cm dicke Streifen schneiden. Die Pilze putzen und mit Küchenpapier abreiben. Größere Exemplare halbieren oder vierteln. Abgeschnittene, saubere Stiele können verwendet werden. Fleisch in das Garkörbchen geben und die Pilzköpfchen obenauf legen.
2. Die Zwiebel abziehen und vierteln. In den Mixtopf geben, eventuell vorhandene Pilzstiele dazugeben und mit aufgesetztem Messbecher **5 Sekunden/Stufe 5** zerkleinern. Mit dem Spatel nach unten schieben, Kokosöl und Paprikapulver dazugeben und **3 Minuten/120 °C/Stufe 1,5** andünsten.
3. Die Brühe dazugießen, das Garkörbchen einhängen und das Ganze zugedeckt **20 Minuten/100 °C/Stufe 0,5** garen.
4. In der Zwischenzeit die Petersilie waschen, trocken schütteln und die Blätter von den Stielen zupfen. Die Tomaten waschen und vierteln.
5. Das Garkörbchen abnehmen und beiseitestellen. Stärkemehl in den Mixtopf einstreuen und **30 Sekunden/100 °C/Stufe 3** einrühren. Pilze, Putenfleisch (mit einer Gabel etwas auseinanderzupfen, denn die Stücke kleben durch das ausgetretene Eiweiß zusammen), Tomaten und Sahne in die Sauce geben und alles **3 Minuten/100 °C/Stufe 0,5 linksdrehend** vermischen und erhitzen.
6. Geschnetzeltes mit Salz und Pfeffer abschmecken, auf 4 Teller verteilen und mit Petersilie garniert servieren.

HÄHNCHENBRUST MIT SPINAT UND KOKOS-CURRY-SAUCE

Für 4 Portionen

Pro Portion: 16 Punkte, 499 kcal, 37 g E, 33 g F, 11 g KH

75 g Cashewkerne, ungesalzen
500 g Hähnchenbrustfilet
300 g frischer Blattspinat
1 l Wasser
1 große Zwiebel
2 Knoblauchzehen
1 Stück Ingwer (walnussgroß)
1 EL Rapsöl
1–2 EL Currypaste oder -pulver
2 TL Kurkuma
600 ml Gemüsebrühe
400 ml cremige Kokosmilch
Salz
Limetten- oder Zitronensaft (optional)
½–1 TL Chiliflocken

1. Die Cashewkerne in den Mixtopf geben und mit aufgesetztem Messbecher **5 Sekunden/Stufe 5** zerkleinern. In eine Schüssel umfüllen und beiseitestellen.
2. Das Hähnchenbrustfilet von Sehnen befreien und in etwa 1½ cm breite Scheiben schneiden. In das Garkörbchen legen.
3. Den Spinat verlesen, gründlich waschen und abtropfen lassen. Grob hacken und in den Varoma legen.
4. Wasser in den Mixtopf füllen, Garkörbchen einhängen und Varoma aufsetzen. Hähnchen und Spinat **25 Minuten/Varoma/Rührstufe** dünsten. Anschließend beides beiseitestellen. Mixtopf ausleeren und abtrocknen.
5. Zwiebel abziehen und vierteln. Knoblauchzehen und Ingwer schälen. Ingwer grob zerschneiden. Zwiebel, Knoblauch und Ingwer mit dem Öl in den Mixtopf geben und mit aufgesetztem Messbecher **5 Sekunden/Stufe 5** zerkleinern. Mit dem Spatel nach unten schieben und **3 Minuten/120 °C/Stufe 1,5** andünsten.
6. Gewürze und Gemüsebrühe dazugeben und **15 Minuten/100 °C/Stufe 1** kochen lassen. Kokosmilch, Hähnchenfleisch, Spinat und Cashewkerne dazugeben und **5 Minuten/80 °C/Stufe 2 linksdrehend** erwärmen.
7. Hähnchencurry mit Salz und – nach Belieben – Limettensaft abschmecken, auf 4 Tellern anrichten und mit Chiliflocken bestreut servieren.

Tipp für das Punktekonto: Die fettreduzierte Variante der Kokosmilch lässt gleich 4 Punkte verschwinden.

HÄHNCHENBRUST ALL'ARRABBIATA

Für 4 Portionen

Pro Portion: 8 Punkte, 502 kcal, 55 g E, 27 g F, 9 g KH

80 g Parmesan
1 Zwiebel
1–2 Knoblauchzehen
1 rote Peperonischote
5 EL Olivenöl
4 Hähnchenbrustfilets (à ca. 200 g)
Salz, Pfeffer
2 Dosen gehackte Tomaten (à 400 g)
1–2 EL Zitronensaft

1. Parmesan in Stücke brechen, in den Mixtopf geben und mit aufgesetztem Messbecher **8 Sekunden/ Stufe 10** zerkleinern. Dann in eine Schüssel umfüllen.
2. Zwiebel abziehen und vierteln. Knoblauchzehen schälen. Peperoni waschen, längs aufschlitzen, die Kerne und Trennhäutchen entfernen und das Fruchtfleisch grob zerschneiden.
3. Zwiebel, Knoblauch und Peperoni und 2 EL Olivenöl in den Mixtopf geben und mit aufgesetztem Messbecher **5 Sekunden/Stufe 5** zerkleinern. Mit dem Spatel nach unten schieben und **4 Minuten/120 °C/Stufe 1,5** andünsten.
4. In der Zwischenzeit die Hähnchenbrustfilets von Sehnen befreien, 3- bis 4-mal schräg etwa 1 cm tief mit einem scharfen Messer einschneiden und kräftig salzen und pfeffern. Auf den Einlegeboden des Varoma geben.
5. Die gehackten Tomaten in den Mixtopf geben, den Varoma aufsetzen und das Ganze **20 Minuten/Varoma/ Stufe 1,5 linksdrehend** garen.
6. Den Backofen auf 220 °C Ober-/Unterhitze (Umluft 200 °C) vorheizen. Eine Auflaufform mit 1 EL Öl auspinseln.
7. Den Varoma abnehmen und die Hähnchenbrustfilets in die Auflaufform setzen. Die Sauce mit Salz, Pfeffer und Zitronensaft pikant abschmecken und den Parmesan mit dem Spatel einrühren. Sauce über das Geflügel gießen und mit dem restlichen Olivenöl beträufeln.
8. Auflauf im Backofen auf der mittleren Schiene 12 Minuten überbacken und dann heiß in der Form servieren.

Tipp: Wenn etwas übrig bleibt, können Sie den Rest mit ein paar halbierten Strauchtomaten und einem Spritzer Essig oder Zitronensaft auch kalt essen. Das Gericht lässt sich zudem gut einfrieren.

RINDERRAGOUT MIT PAPRIKA

Für 4 Portionen

Pro Portion: 7 Punkte, 382 kcal, 35 g E, 21 g F, 10 g KH

4 Schalotten
1 Stange Lauch
50 ml Olivenöl
600 g Rindfleisch (z. B. falsches Filet oder Braten, möglichst in Bio-Qualität)
2 EL Tomatenmark
700 ml Wasser oder Rinderbrühe
2 rote Paprikaschoten
200 g braune Champignons
2 Stängel glatte Petersilie oder Basilikum
Salz, Pfeffer

1. Die Schalotten abziehen und halbieren. Den Lauch putzen, längs aufschlitzen, auffächern, gründlich waschen und grob zerschneiden. Beides in den Mixtopf geben und mit aufgesetztem Messbecher **3 Sekunden/Stufe 5** zerkleinern. Mit dem Spatel nach unten schieben und den Vorgang wiederholen.
2. Das Öl dazugeben und Gemüse **5 Minuten/120 °C/Stufe 2** andünsten. Das Rindfleisch in etwa 1 cm breite Streifen schneiden. Tomatenmark und Rindfleischstreifen in den Mixtopf geben und alles zusammen weitere **5 Minuten/120 °C/Stufe 2** dünsten.
3. Wasser oder Brühe angießen und Ragout zugedeckt **40 Minuten/90 °C/Stufe 1 linksdrehend** schmoren.
4. In der Zwischenzeit die Paprikaschoten waschen, putzen und in Streifen schneiden. Die Champignons mit Küchenpapier säubern und halbieren oder vierteln. Beides zum Fleisch in den Mixtopf geben und weitere **15 Minuten/90 °C/Stufe 1 linksdrehend** schmoren.
5. Petersilie waschen, trocken schütteln und hacken. Ragout mit Salz und Pfeffer abschmecken, auf 4 Teller verteilen und mit Petersilie bestreut servieren.

Tipp: Zu diesem kalorienarmen Gericht können Sie frisches Baguette essen oder je 1 Knödel (Fertigprodukt), der im Varoma erwärmt werden kann, während das Ragout unten schmort.

FISCH

Magere Fische aus Fluss und Meer sind beliebt bei allen Abnehmwilligen. Dabei sind die fetten Edel-Kalorien von Thunfisch, Lachs, Makrele und Hering ganz besonders gesund und in der Low-Carb-Ernährung auch erwünscht. Fetter Fisch enthält die mehrfach ungesättigten Omega-3-Fettsäuren, die sonst nur noch in Leinsamen, Walnüssen, Raps, Soja und deren Ölen vorkommen. Sie schützen Herz und Kreislauf und helfen, Übergewicht vorzubeugen. Um hochwertige Fette in einem ausgewogenen Verhältnis zu essen, bereiten Sie Fisch immer mit Olivenöl zu, Fleisch hingegen möglichst mit Rapsöl.

THUNFISCH-KOKOS-CHOWDER

Für 2 Portionen

Pro Portion: 3 Punkte, 332 kcal, 37 g E, 16 g F, 10 g KH

300 g Thunfischfilet
2 EL Limettensaft
1 walnussgroßes Stück Ingwer
½ rote Chilischote
200 ml Kokosmilch, fettreduziert
200 ml Fischfond oder Gemüsebrühe
150 g Zucchini
150 g Fleischtomaten
2 Stängel Koriander oder glatte Petersilie
Salz, Pfeffer

1. Den Thunfisch waschen, trocken tupfen, in mundgerechte Stücke schneiden und mit 1 EL Limettensaft beträufeln. Zugedeckt ziehen lassen.
2. Ingwer schälen. Chilischote waschen, putzen, die Kerne entfernen und beides grob zerschneiden. In den Mixtopf geben und mit aufgesetztem Messbecher **3 Sekunden/Stufe 5** zerkleinern. Mit dem Spatel nach unten schieben und den Vorgang wiederholen.
3. Kokosmilch und Fischfond dazugießen. Den Thunfisch in den Varoma legen und **10 Minuten/Varoma/Stufe 1** dämpfen.
4. Die Zucchini waschen, putzen und in 1 cm dicke Scheiben schneiden. Die Tomaten waschen, halbieren, Stilansätze und Kerne entfernen und Fruchtfleisch würfeln. Tomaten und Zucchini in die Suppe geben (den Varoma wieder aufsetzen) und alles zusammen **5 Minuten/100 °C/Stufe 1 linksdrehend** kochen.
5. Den Koriander waschen, trocken schütteln und die Blätter von den Stängeln zupfen.
6. Die Suppe mit Salz, Pfeffer und dem restlichen Limettensaft abschmecken.
7. Den Thunfisch auf 2 tiefe Teller verteilen, mit der Suppe begießen und mit Koriander bestreut servieren.

LACHS MIT GRÜNEM SPARGEL UND RICOTTA-KÄSE-SAUCE

Für 2 Portionen

Pro Portion: 3 Punkte, 448 kcal, 44 g E, 27 g F, 10 g KH

2 Lachsfilets ohne Haut à ca. 150 g
2 TL Zitronensaft
500 g grüner Spargel
500 ml Wasser
Salz, Pfeffer
100 g Ricotta
2 Ecken Sahnekäse (à 25 g)
frisch geriebene Muskatnuss

1. Den Lachs mit Küchenpapier trocken tupfen, mit 1 TL Zitronensaft beträufeln und 10–15 Minuten ziehen lassen.
2. In der Zwischenzeit den Spargel waschen und im unteren Drittel dünn abschälen. Wasser in den Mixtopf füllen. Varoma-Behälter aufsetzen und den Spargel hineingeben.
3. Den Varoma-Einlegeboden mit Backpapier so auslegen, dass die seitlichen Schlitze zur Dampfzirkulation frei bleiben. Papier anfeuchten. Die Lachsfilets trocken tupfen, salzen, pfeffern und in den Einlegeboden setzen. Spargel und Fisch **20 Minuten/Varoma/ Stufe 1** garen. Varoma absetzen und beiseitestellen. Den Mixtopf leeren, ausspülen und abtrocknen.
4. Ricotta und die Käseecken in den Mixtopf geben und mit Salz, Pfeffer, dem restlichen Zitronensaft und Muskatnuss würzen. **2 Minuten/80 °C/ Stufe 3** verrühren.
5. Spargel und Lachs auf vorgewärmten Tellern anrichten und mit der Sauce begießen.

FISCHRAGOUT MIT SAFRAN UND KOKOSMILCH

Für 2 Portionen
Pro Portion: 7 Punkte, 416 kcal, 36 g E, 27 g F, 8 g KH

300 g Seelachs- oder Kabeljaufilet
1 EL Zitronensaft
1 walnussgroßes Stück Ingwer
1 Bund Frühlingszwiebeln
1 Fleischtomate
1 EL Rapsöl
200 ml Fischfond
200 ml cremige Kokosmilch
1 TL Kurkuma
1 Döschen Safran
Salz, Pfeffer

1. Den Fisch mit Küchenpapier trocken tupfen, in mundgerechte Stücke schneiden und mit Zitronensaft beträufelt 15 Minuten ziehen lassen.
2. In der Zwischenzeit den Ingwer schälen und grob in Stücke schneiden. Die Frühlingszwiebeln abziehen, waschen, das Grün in Ringe schneiden und beiseitelegen, die weißen Stängel vierteln. Die Tomate waschen, halbieren, die Stielansätze und Kerne entfernen und das Fruchtfleisch in Streifen schneiden.
3. Ingwer und das Weiße der Frühlingszwiebeln in den Mixtopf geben und mit aufgesetztem Messbecher **3 Sekunden/Stufe 6** zerkleinern. Mit dem Spatel nach unten schieben. Das Öl dazugießen und alles **3 Minuten/120 °C/Stufe 2** andünsten.
4. Fischfond, Kokosmilch, Kurkuma und Safran in den Mixtopf geben. **10 Minuten/100 °C/Stufe 1** offen köcheln lassen.
5. Die Tomatenstreifen dazugeben. Die Fischstücke salzen und pfeffern und in das Garkörbchen legen. Das Garkörbchen einhängen und alles zusammen **8 Minuten/Varoma/Stufe 1 linksdrehend** dämpfen. Mit Salz und Pfeffer abschmecken.
6. Die Safran-Kokos-Sauce auf 2 tiefe Teller verteilen, den Fisch daraufgeben und mit den Zwiebelringen bestreut servieren.

LACHS AUF SPINAT-ZUCCHINICREME

Für 2 Portionen

Pro Portion: 5 Punkte, 462 kcal, 37 g E, 32 g F, 7 g KH

300 g Lachsfilet ohne Haut
1 EL Zitronensaft
Pfeffer
500 ml Wasser
150 g Zucchini
250 g Blattspinat (frisch oder TK)
1 kleine Zwiebel
1 EL Olivenöl
150 ml Gemüsebrühe
25 g Frischkäse (20 % Fett)
Salz
20 g Pinienkerne

1. Das Lachsfilet waschen, trocken tupfen und in 2 Portionen teilen. Mit Zitronensaft beträufeln und mit Pfeffer würzen.
2. Den Einlegeboden des Varoma mit Pergamentpapier auslegen, dabei die seitlichen Schlitze zur Dampfzirkulation frei lassen. Den Lachs darauflegen.
3. Wasser in den Mixtopf geben, den Varoma aufsetzen und den Lachs **12 Minuten/Varoma/Rührstufe** garen.
4. Die Zucchini waschen, putzen und grob zerschneiden. Den Spinat waschen, gut abtropfen lassen und verlesen. (TK-Spinat antauen lassen.) Die Zwiebel abziehen und vierteln.
5. Den Varoma abnehmen und beiseitestellen, den Mixtopf ausleeren und abtrocknen. Zwiebel und Öl in den Mixtopf geben, Messbecher aufsetzen und **5 Sekunden/Stufe 5** zerkleinern. Mit dem Spatel nach unten schieben und **3 Minuten/120 °C/Stufe 1,5** andünsten.
6. Zucchini und Spinat dazugeben und **5 Sekunden/Stufe 4** mithilfe des Spatels zerkleinern. Die Brühe dazugießen, den Varoma wieder aufsetzen und alles **8 Minuten/100 °C/Stufe 1,5** garen.
7. Den Varoma wieder abnehmen und das Gemüse **5 Sekunden/Stufe 6 pürieren**. (Messbecher!) Den Frischkäse **3 Sekunden/Stufe 3** einrühren und die Gemüsecreme mit Salz und Pfeffer abschmecken.
8. Gemüsecreme auf 2 Teller verteilen, den Lachs in die Mitte setzen und Pinienkerne darüberstreuen.

FISCHEINTOPF PROVENÇAL

Für 4 Portionen

Pro Portion: 1 Punkt, 199 kcal, 27 g E, 6 g F, 8 g KH

600 g gemischtes Fischfilet (z. B. Steinbeißer, Seelachs und Seeteufel)
1 EL Zitronensaft
2 Schalotten
2 Knoblauchzehen
1 EL Olivenöl
100 g Staudensellerie
100 g Möhren
800 ml Gemüsebrühe oder Fischfond
1 TL Fenchelsamen
2 Döschen Safranfäden
1 Dose geschälte Tomaten (ca. 400 g)
1 Bio-Orange
Salz, Pfeffer
2 Stängel glatte Petersilie

1. Die Fischfilets unter fließend kaltem Wasser abbrausen, mit Küchenpapier trocken tupfen, in mundgerechte Stücke schneiden und auf einen Teller legen. Mit Zitronensaft beträufeln und zugedeckt beiseitestellen.
2. Die Schalotten abziehen und halbieren. Die Knoblauchzehen schälen. Beides mit dem Olivenöl in den Mixtopf geben und mit aufgesetztem Messbecher **5 Sekunden/Stufe 5** zerkleinern. Mit dem Spatel nach unten schieben und **3 Minuten/120 °C/Stufe 1,5** andünsten.
3. Staudensellerie putzen, waschen und zerteilen. (Äußere Stängel eventuell dünn abschälen.) Die Möhren schälen, putzen, waschen und grob in Stücke schneiden.
4. Das Gemüse in den Mixtopf geben, Brühe, Fenchelsamen und Safranfäden dazugeben und Gemüse in **20 Minuten/100 °C/Stufe 1** weich kochen.
5. Die Tomaten aus der Dose dazugeben und alles **40 Sekunden/Stufe 5–8** ansteigend fein pürieren. (Eventuell 1 Tomate herausnehmen, in feine Streifen schneiden und nach dem Pürieren in die Suppe geben.)
6. Die Orange heiß waschen und 2 EL Schale abraspeln. Die Frucht auspressen.
7. Die Orangenraspel mit dem Spatel unter die Suppe heben und die Suppe mit Orangensaft, Salz und Pfeffer abschmecken. Die Fischstücke dazugeben und **6 Minuten/80 °C/Stufe 0,5 linksdrehend** sanft garen lassen.
8. Die Petersilie waschen, trocken schütteln und die Blätter von den Stielen zupfen.
9. Die Suppe auf 4 Teller verteilen und mit Petersilie bestreut servieren.

LAUCHQUICHE MIT RÄUCHERLACHS

Für 6 Portionen

Pro Portion: 10 Punkte, 5 kcal, 25 g E, 45 g F, 7 g KH

- 50 g Parmesan oder anderer Hartkäse
- 120 g geschälte Mandeln
- 80 g Mandelmehl
- ½ Pck. Backpulver
- Salz
- 200 g Quark (20 % Fett)
- 3 Eier, Größe M
- 4 EL Olivenöl
- etwas Fett für die Form
- 3 Stangen Lauch
- 4 Stängel Dill
- 200 ml Schmand
- Pfeffer
- 200 g geräucherter Lachs in Scheiben
- 6 Spalten Zitrone (nach Belieben)

1. Den Parmesan grob zerschneiden, in den Mixtopf geben und mit aufgesetztem Messbecher **10 Sekunden/Stufe 8** reiben. In eine Schüssel umfüllen und beiseitestellen.
2. Den Backofen auf 180 °C Ober-/Unterhitze (Umluft 160 °C) vorheizen.
3. Mandeln in den Mixtopf geben und **10 Sekunden/Stufe 7** mahlen. Mandelmehl, Backpulver, ½ TL Salz, Quark, 1 Ei und 2 EL Olivenöl dazugeben und in **20 Sekunden/Stufe 4** zu einem Teig vermischen.
4. Eine Springform (ca. 26 cm Durchmesser) dünn einfetten, mit dem Teig auskleiden und diesen 10 Minuten im Ofen vorbacken.
5. Derweil für den Belag den Lauch putzen, die Enden längs aufschlitzen, auffächern und gründlich waschen. Dill waschen, mit Küchenpapier trocken tupfen und die Blätter von den Stängeln zupfen.
6. Lauch und Dill in den Mixtopf geben und mithilfe des Spatels **2 x 4 Sekunden/Stufe 5** zerkleinern. Die restlichen 2 EL Öl dazugeben und alles **3 Minuten/100 °C/Stufe 2** andünsten.
7. Schmand, den geriebenen Käse, die restlichen beiden Eier, Salz und Pfeffer zum Lauch geben und **15 Sekunden/Stufe 4 linksdrehend** gut vermischen. Belag auf dem Teig verteilen. 2 Scheiben Lachs in Streifen schneiden, auf die Quiche geben und leicht andrücken. Quiche 20–25 Minuten im Ofen backen, bis die Füllung gestockt ist. Dann 10 Minuten bei 80 °C ruhen lassen.
8. Die Quiche in 6 Stücke schneiden, auf Tellern anrichten, den restlichen Lachs danebensetzen und nach Belieben mit je 1 Spalte Zitrone garnieren.

Tipp: Die Quiche ist eine nette Vorspeise für 6 Personen, für die Sie auch die doppelte Menge Lachs verwenden können. Das Gericht bleibt trotzdem kohlenhydratarm, da diese hauptsächlich aus Lauch und Mandeln stammen.

Tipp für das Punktekonto: Schmand (24 % Fett) gegen saure Sahne (10 % Fett) tauschen – das spart 2 Punkte pro Portion.

SCHELLFISCH MIT LAUCH IN SENFSAUCE

Für 2 Portionen

Pro Portion: 2 Punkte, 296 kcal, 37 g E, 11 g F, 10 g KH

- 2 Schellfisch- oder Kabeljau-Filets à ca. 150 g
- 1 EL Zitronensaft
- 2 Stangen Lauch (ca. 400 g vorbereitet gewogen)
- 1 weiße Zwiebel
- 1 EL Rapsöl
- 300 ml Gemüsebrühe
- 1 TL Senfkörner
- Salz, Pfeffer
- 2 Stängel glatte Petersilie
- 1 EL scharfer Senf

1. Die Fischfilets mit Küchenpapier trocken tupfen, mit Zitronensaft beträufeln und ziehen lassen.
2. Den Lauch putzen, längs halbieren, die Enden auffächern und gründlich waschen. Grob in Stücke schneiden. Die Zwiebel abziehen und vierteln.
3. Zwiebel und Öl in den Mixtopf geben und mit aufgesetztem Messbecher **5 Sekunden/Stufe 5** zerkleinern. Mit dem Spatel nach unten schieben und **3 Minuten/120 °C/Stufe 1,5** andünsten.
4. Den Lauch dazugeben und **2 x 5 Sekunden/Stufe 4** mithilfe des Spatels zerkleinern. Brühe und Senfkörner zufügen.
5. Den Einlegeboden des Varoma mit befeuchtetem Backpapier so auslegen, dass die seitlichen Schlitze zur Dampfzirkulation frei bleiben, die Fischfilets darauflegen, salzen und pfeffern. Den Varoma aufsetzen und das Ganze **15 Minuten/Varoma / Rührstufe** garen.
6. In der Zwischenzeit die Petersilie waschen, mit Küchenpapier trocken tupfen, die Blätter von den Stängeln zupfen und hacken.
7. Den Varoma abnehmen und beiseitestellen. Das Lauchgemüse mit Salz und Pfeffer abschmecken, den Senf dazugeben und **5 Sekunden/Stufe 4 linksdrehend** einrühren.
8. Lauchgemüse auf 2 Tellern anrichten. Fischfilets obenauf geben und mit Petersilie bestreut servieren.

Tipp: Wenn Sie nur eine Portion benötigen, können Sie für die zweite Portion am nächsten Tag den Fisch in Streifen schneiden, unter das Gemüse mischen und das Ganze in einem kleinen Topf bei milder Hitze aufwärmen.

GEDÜNSTETER LACHS MIT SALATPESTO

Für 4 Portionen

Pro Portion: 11 Punkte, 692 kcal, 47 g E, 56 g F, 1 g KH

30 g gehackte Mandeln
60 g Parmesan
150 g gemischte Salatblätter (z. B. Kopfsalat, Rucola, Babyspinat)
10 Blätter frisches Basilikum
100 ml Olivenöl
1–2 EL Zitronensaft
Salz, Pfeffer (nach Belieben Cayennepfeffer)
500 ml Wasser
4 Lachsfilets (à ca. 200 g)

1. Die Mandeln in einer beschichteten Pfanne ohne Fett leicht rösten. Parmesan in Stücke brechen. Beides in den Mixtopf geben.
2. Salat und Basilikum verlesen und waschen. Mit Olivenöl und 1 EL Zitronensaft in den Mixtopf geben und alles mit aufgesetztem Messbecher **10–15 Sekunden/Stufe 10** pürieren. Pesto in eine Schüssel umfüllen und mit Salz, Pfeffer und nach Belieben etwas mehr Zitronensaft abschmecken. Mixtopf nicht spülen und das Wasser einfüllen. (Die Pestoreste geben beim Dampfgaren ein schönes Aroma.)
3. Die Lachsfilets mit Küchenpapier trocken tupfen, salzen, pfeffern und in den Einlegeboden des Varoma geben. Varoma aufsetzen und Lachs **20 Minuten/Varoma/Rührstufe** dämpfen.
4. Lachs auf 4 Tellern anrichten und mit dem Pesto bestreichen.

Tipp: Sie können 2 Portionen Fisch oder Fleisch in Ihrem Thermomix® auch geschmackschonend »sous vide« (französisch für vakuumverpackt) zubereiten. Dafür sollten Sie ein Vakuumiergerät zur Verfügung haben, das Sie in Kaufhäusern oder im Internet preiswert bekommen. Gargut würzen, einschweißen, in das Garkörbchen geben und so viel Wasser einfüllen, dass alles bedeckt ist. **25 (Fisch), 40 (Geflügel) oder 60 (Steaks) Minuten/55 °C/Stufe 1** garen. Anschließend Gargut herausnehmen, trocken tupfen und nach Belieben in einer heißen Pfanne kross anbraten.

FISCHFRIKADELLEN MIT JOGHURTSAUCE

Für 4 Portionen (je 2 Stück)

Pro Portion: 6 Punkte, 337 kcal, 33 g E, 18 g F, 10 g KH

600 g helles Fischfilet (z. B. Seelachs, Kabeljau oder Tilapia)
1 Scheibe Toastbrot
50 ml Milch
4 Frühlingszwiebeln
150 g Möhren
50 g frischer Blattspinat
2 EL Rapsöl
1 TL Sardellenpaste
1 TL Zitronenabrieb
2 Eier, Größe M
1 gestrichener TL Salz
weißer Pfeffer
250 g Joghurt (10 % Fett)
500 ml Wasser

Tipp: Sie können auch etwas Spinat dazu essen. Einfach 300–400 g frischen Blattspinat verlesen, waschen und tropfnass in den Varoma geben. Dann den Einlegeboden mit den Frikadellen obenauf geben und alles zusammen garen.

1. Fischfilet kalt abspülen, mit Küchenpapier trocken tupfen und eventuell vorhandene Gräten entfernen. Würfeln und flach ausgebreitet auf einen gefriergeeigneten Teller legen und 1 Stunde ins Tiefkühlfach geben. Die Rinde vom Toastbrot entfernen, Brot mit den Händen zerpflücken und in einer Schüssel mit der Milch einweichen.
2. Die Frühlingszwiebeln putzen, waschen und die weißen Teile grob zerschneiden. Das Grün für die Joghurtsauce aufbewahren. Die Möhren schälen, putzen und grob zerschneiden. Den Spinat waschen, verlesen und gut abtropfen lassen.
3. Die weißen Frühlingszwiebelstücke in den Mixtopf geben und mit aufgesetztem Messbecher **3 Sekunden/Stufe 5** zerkleinern. Mit dem Spatel nach unten schieben und den Vorgang wiederholen. Möhren und Spinat dazugeben und **5 Sekunden/Stufe 5** zerkleinern.
4. Das Öl dazugeben und das Gemüse **5 Minuten/120 °C/Stufe 1,5 linksdrehend** andünsten. In eine Schüssel umfüllen. Den Mixtopf nicht spülen.
5. Den angefrorenen Fisch in den Mixtopf geben und mit aufgesetztem Messbecher **10 Sekunden/Stufe 6** zerkleinern. Toastbrot mit Milch, Sardellenpaste, Zitronenabrieb, Eier, Salz, Pfeffer und das angedünstete Gemüse dazugeben und **10 Sekunden/Stufe 4 linksdrehend** vermischen. Masse in eine Schüssel umfüllen.
6. Den Einlegeboden des Varoma mit befeuchtetem Backpapier auslegen (darauf achten, dass die seitlichen Schlitze zur Dampfzirkulation frei bleiben). Mit nassen Händen 8 Frikadellen aus der Masse formen und auf das Backpapier legen.

Tipp für das Punktekonto:
Wenn Sie Joghurt mit 1,5 % Fett verwenden, sind es 2 Punkte pro Portion weniger.

7. Wasser in den Mixtopf füllen, Varoma mit Einlegeboden aufsetzen und Frikadellen **25 Minuten/Varoma/Rührstufe** garen.
8. In der Zwischenzeit das Frühlingszwiebelgrün in feine Ringe schneiden (ca. 5 EL) und in einer Schüssel mit dem Joghurt vermischen. Mit Salz und Pfeffer abschmecken.
9. Varoma abnehmen, Frikadellen auf Tellern anrichten und die Joghurtsauce getrennt dazu reichen.

SEELACHS MIT KRÄUTEREIERN

Für 4 Portionen

Pro Portion: 7 Punkte, 394 kcal, 42 g E, 22 g F, 4 g KH

800 g Seelachsfilet
Salz, Pfeffer
2–3 EL Zitronensaft
500 ml Wasser
2 Bund Frühlingszwiebeln
2 Knoblauchzehen
6 Stängel glatte Petersilie oder andere Kräuter (z. B. Salbei oder Basilikum)
6 Stängel frischer Thymian
75 g weiche Butter
4 hart gekochte Eier, Größe M

1. Das Seelachsfilet waschen, mit Küchenpapier trocken tupfen, in 4 Teile schneiden und auf einen Teller legen. Salzen, pfeffern und mit 1 EL Zitronensaft beträufeln. Etwas ziehen lassen.
2. 1 Stück Backpapier in der Größe des Varoma-Einlegebodens zurechtschneiden, anfeuchten und den Einlegeboden damit auskleiden. Darauf achten, dass die seitlichen Schlitze zur Dampfzirkulation frei bleiben. Den Fisch auf dem Backpapier verteilen.
3. Wasser in den Mixtopf geben, Varoma mit dem Seelachs aufsetzen und Fisch **20 Minuten/Varoma/Rührstufe** garen.
4. In der Zwischenzeit die Frühlingszwiebeln putzen, waschen und mit viel Grün grob zerschneiden. Knoblauchzehen schälen. Petersilie und Thymian waschen, trocken schütteln und die Blätter von den Stängeln zupfen.
5. Den Varoma abnehmen und beiseitestellen. Mixtopf ausleeren und abtrocknen.
6. Frühlingszwiebeln, Knoblauch, Kräuter und Butter in den Mixtopf geben und mit aufgesetztem Messbecher **5 Sekunden/Stufe 5** zerkleinern. Mit dem Spatel nach unten schieben und alles **4 Minuten/100 °C/Stufe 1,5** andünsten.
7. Die Eier schälen und grob zerschneiden. In den Mixtopf geben und **2 Sekunden/Stufe 4** zerkleinern. Mischung mit Salz, Pfeffer und dem restlichen Zitronensaft abschmecken.
8. Die Fischfilets auf 4 Tellern anrichten und die Eiersauce darauf verteilen.

Tipp: Sie können den Seelachs auch nach der Zubereitung im Kühlschrank durchziehen lassen. Das Gericht schmeckt auch kalt sehr gut.

Tipp für das Punktekonto: Mit nur 25 g Butter bekommen Sie noch etwas buttriges Aroma, sparen aber 5 Punkte.

KABELJAUFILET MIT MANGOLD

Für 2 Portionen

Pro Portion: 0 Punkte, 224 kcal, 42 g E, 3 g F, 8 g KH

2 Kabeljaufilets (à ca. 200 g)
1 EL Zitronensaft
1 Staude Mangold (ca. 500 g)
300 ml Wasser
50 ml helle Sojasauce
Salz, bunter Pfeffer
Petersilie zum Garnieren (nach Belieben)

1. Die Kabeljaufilets mit Küchenpapier trocken tupfen, mit Zitronensaft beträufeln und 15 Minuten oder länger ziehen lassen.
2. In der Zwischenzeit den Mangold in einzelne Blätter teilen, diese waschen, putzen und trocken schütteln.
3. Die Mangoldblätter in den Varoma schichten. Dabei die größeren Blätter außen an die Varomawand stellen und nach innen hin immer kleiner werden. Den Einlegeboden mit Backpapier so auskleiden, dass die seitlichen Schlitze zur Dampfzirkulation frei bleiben, und dann die Fischfilets hineinlegen.
4. Wasser in den Mixtopf füllen, den Varoma und Varoma-Einlegeboden aufsetzen und alles **20 Minuten/ Varoma/Stufe 1** dämpfen.
5. Varoma absetzen und beiseitestellen. Den Mixtopf leeren und die Sojasauce darin **30 Sekunden/120 °C/ Stufe 1** erhitzen. Die Sauce als Spiegel auf 2 Teller gießen, die Mangoldblätter in Schleifen hineinlegen und die Fischfilets obenauf setzen. Salzen und mit buntem Pfeffer bestreut servieren. Nach Belieben mit Petersilie garnieren.

Tipp: Statt der Sojasauce können Sie die Fischfilets nach dem Anrichten auch mit einem guten Olivenöl (Achtung Punktekonto!) und etwas Zitronensaft beträufeln.

GEMÜSE

Schlankgemüse sind nicht nur für Vegetarier/Veganer ein Muss. Mit der Gemüseküche können Sie auch noch etwas für Ihren CO_2-Fußabdruck tun, indem Sie das saisonale und regionale Angebot nutzen. Gemüsegerichte eignen sich meist gut zum Einfrieren, Aufwärmen und Mitnehmen.

BLUMENKOHL IN SAFRANSAUCE

Für 2 Portionen

Pro Portion: 16 Punkte, 414 kcal, 17 g E, 33 g F, 10 g KH

50 g Parmesan
1 mittelgroßer Blumenkohl (ca. 700 g, geputzt gewogen)
100 ml Schlagsahne
1 Döschen Safran
500 ml Wasser
Salz, Pfeffer
25 g Butter

1. Den Parmesan in den Mixtopf geben und mit aufgesetztem Messbecher **5 Sekunden/Stufe 9** reiben. In eine Schüssel umfüllen.
2. Den Blumenkohl putzen, waschen und in Röschen teilen. Den Strunk in Stücke schneiden und in den Gareinsatz geben. Die Sahne in einer Tasse mit dem Safran verrühren.
3. Wasser in den Mixtopf füllen und den Gareinsatz mit dem Blumenkohlstrunk einhängen. Die Blumenkohlröschen in den Varoma legen, diesen aufsetzen und Blumenkohl in **20–25 Minuten/Varoma/Stufe 1** weich dämpfen.
4. Den Varoma und das Garkörbchen abnehmen und beiseitestellen. Das Wasser aus dem Mixtopf abgießen. Blumenkohlstrunk aus dem Gareinsatz, Safransahne, Parmesan, Salz, Pfeffer und Butter im Mixtopf **2 Minuten/120 °C/Stufe 2** erwärmen. Anschließend **10 Sekunden/Stufe 6** mixen.
5. Die Blumenkohlröschen auf 2 Tellern anrichten und mit der Safransauce begießen.

Variante: Für die Safransauce können Sie auch andere Käsesorten verwenden, zum Beispiel alten Gouda oder Mozzarella.

Tipp für das Punktkonto: Ohne Butter sind es gleich 5 Punkte weniger. Wenn Sie nur die Hälfte der Sahne nehmen, dürfen Sie noch mal 4 Punkte abziehen.

GESCHMORTER ROTKOHL MIT WALNÜSSEN

Für 4 Portionen

Pro Portion: 4 Punkte, 172 kcal, 4 g E, 12 g F, 10 g KH

750 g Rotkohl
1 große Zwiebel
2 EL Rapsöl
2 EL Rotweinessig
250 ml Gemüsebrühe
4 Stängel frischer Thymian
30 g Walnusskerne
10 g Rosinen
Salz, Pfeffer

1. Vom Rotkohl die äußeren Blätter entfernen. Den Kopf waschen, vierteln und den Strunk herausschneiden. Die Blätter grob zerschneiden und in 2–3 Portionen jeweils **4 Sekunden/Stufe 4** im Mixtopf mithilfe des Spatels zerkleinern und dann in eine Schüssel umfüllen.
2. Die Zwiebel abziehen, vierteln und zusammen mit dem Öl in den Mixtopf geben. Mit aufgesetztem Messbecher **3 Sekunden/Stufe 5** zerkleinern, mit dem Spatel nach unten schieben und **3 Minuten/120 °C/ Stufe 1,5** andünsten. Mit dem Rotweinessig ablöschen.
3. Den Rotkohl dazugeben und die Gemüsebrühe angießen. Den Thymian waschen, mit Küchenpapier trocken tupfen und die Blättchen gegen die Wuchsrichtung von den Stängeln streifen. Die Hälfte der Blättchen zum Rotkohl geben, den Rest beiseitestellen. Rotkohl **25 Minuten/100 °C/Stufe 1 linksdrehend** garen. Zwischendurch eventuell noch etwas Flüssigkeit nachgießen.
4. Die Walnusskerne grob hacken und – nach Belieben – in einer beschichteten Pfanne ohne Fett rösten.
5. Die Rosinen in den Mixtopf geben und mit dem Spatel unterheben. Gericht mit Salz und Pfeffer abschmecken. Auf 4 Teller verteilen und mit Walnüssen und dem restlichen Thymian bestreut servieren.

Tipp: Für Gäste oder wenn es Ihre Kohlenhydratbilanz erlaubt, können Sie für einen schönen runden Geschmack zum Schluss noch 2 EL Preiselbeer-, Sauerkirsch- oder Johannisbeergelee in den Rotkohl rühren.

BLECHKUCHEN ELSÄSSER ART

Für 4 Portionen

Pro Portion: 11 Punkte, 371 kcal, 25 g E, 27 g F, 7 g KH

Für den Teig:

50 g Goldleinsamen
100 g Gouda
2 Eier, Größe M
85 g Frischkäse (20 % Fett)
40 g Mandel- oder Kokosmehl
1 TL Salz

Für den Belag:

30 g Rucola
150 g weiße Champignons
1 rote Paprikaschote
200 g Crème légère
1 EL Olivenöl

1. Den Backofen auf 180 °C Ober-/Unterhitze (Umluft 160 °C) vorheizen.
2. Den Leinsamen in den Mixtopf geben und mit aufgesetztem Messbecher **10 Sekunden/Stufe 10** mahlen. Den Gouda grob in Würfel schneiden, dazugeben und **10 Sekunden/Stufe 6** zerkleinern.
3. Eier, Frischkäse, Mandelmehl und Salz in den Mixtopf geben und **10 Sekunden/Stufe 5** zu einem Teig verrühren.
4. Ein Backblech mit Backpapier auslegen, den Teig daraufgeben und mit einer Teigkarte zu einem Rechteck (ca. 15 x 20 cm) formen. Mit Folie bedecken und dünn ausrollen, bis das ganze Blech bedeckt ist.
5. Teig im Ofen 20 Minuten backen, bis der Rand sich goldgelb zu färben beginnt.
6. In der Zwischenzeit den Belag vorbereiten: Rucola waschen und gut abtropfen lassen. Die Champignons mit Küchenpapier abreiben, eventuell die Stielchen entfernen und die Köpfchen in Scheiben schneiden. Die Paprikaschote waschen, putzen und in Streifen schneiden.
7. Die Crème légère auf dem Teig verteilen und Kuchen mit den vorbereiteten Zutaten belegen. Mit dem Olivenöl beträufeln und Kuchen im Ofen weitere 15 Minuten bei 200 °C (Umluft 180 °C) fertigbacken.

Tipp für das Punktekonto: Die Hälfte der Crème légère tut es auch – 2 Punkte gespart.

ZUCCHINI-KASSEROLLE

Für 4 Portionen

Pro Portion: 7 Punkte, 367 kcal, 22 g E, 28 g F, 8 g KH

- 100 g Bergkäse
- 2 Stangen Lauch (ca. 300 g, geputzt gewogen)
- 700 g Zucchini
- 3 EL Rapsöl
- 6 Eier, Größe M
- 2 TL Natron
- Salz, Pfeffer
- 2–3 Stängel Petersilie zum Bestreuen

1. Backofen auf 200 °C Ober-/Unterhitze (Umluft nicht geeignet) vorheizen.
2. Bergkäse in den Mixtopf geben und mit aufgesetztem Messbecher **8 Sekunden/Stufe 8** zerkleinern. In eine Schüssel umfüllen und beiseitestellen.
3. Den Lauch putzen, längs aufschlitzen, am oberen Ende auffächern und gründlich waschen und mit viel Grün grob in Stücke schneiden. Die Zucchini putzen, waschen und grob zerschneiden.
4. Den Lauch in den Mixtopf geben, Messbecher aufsetzen und **10 Sekunden/Stufe 5** zerkleinern. Mit dem Spatel nach unten schieben, 2 EL Öl dazugeben und Lauch **3 Minuten/120 °C/Stufe 1,5** andünsten. Zucchini dazugeben und **5 Sekunden/Stufe 5** zerkleinern.
5. Die Eier in einer Schüssel mit Natron, Salz und Pfeffer verquirlen, in den Mixtopf geben und **10 Sekunden/Stufe 3 linksdrehend** untermischen.
6. Eine Auflaufform (etwa 20 x 30 cm) dünn mit dem restlichen Öl bepinseln, die Zucchinimasse einfüllen, den Käse darüberstreuen und den Auflauf 15 Minuten im Ofen backen, bis die Oberfläche goldgelb ist.
7. Den Auflauf 5 Minuten bei abgeschaltetem Backofen ruhen lassen. Die Petersilie waschen, trocken schütteln, die Blätter von den Stängeln zupfen und vor dem Servieren über die Zucchini-Kasserolle streuen.

KOHLRABI-GRATIN

Für 2 Portionen

Pro Portion: 3 Punkte, 297 kcal, 25 g E, 19 g F, 10 g KH

- 80 g Parmesan
- 450 g Kohlrabi (vorbereitet gewogen)
- 500 ml Wasser
- Salz
- 200 ml ungesüßter Mandeldrink
- 1 Ei, Größe M
- ½ TL gemahlene Kurkuma
- schwarzer Pfeffer

1. Den Parmesan grob zerteilen, in den Mixtopf geben und mit aufgesetztem Messbecher **10 Sekunden/Stufe 8** reiben. In eine Schüssel umfüllen und beiseitestellen. Mixtopf nicht spülen.
2. Den Kohlrabi schälen, putzen, halbieren und die Hälften in ca. 2 mm dicke Scheiben schneiden. In den Varoma legen.
3. Wasser mit etwas Salz in den Mixtopf füllen, Varoma aufsetzen und Kohlrabi in **12–15 Minuten/Varoma/Rührstufe** bissfest dämpfen. Varoma abnehmen und beiseitestellen, den Mixtopf ausleeren.
4. Den Backofen auf 230 °C Ober-/Unterhitze (Umluft 210 °C) vorheizen.
5. Mandeldrink, Ei, Kurkuma, Salz, Pfeffer und die Hälfte des Parmesans in den Mixtopf geben und **10 Sekunden/Stufe 5** verquirlen. (Messbecher nicht vergessen!)
6. Die Kohlrabischeiben in einer Quicheform (ca. 24 cm Durchmesser) verteilen, mit der Eimischung begießen und mit dem restlichen Parmesan bestreuen.
7. Gratin im vorgeheizten Backofen 10–12 Minuten goldgelb überbacken. 5 Minuten ruhen lassen, dann gleich in der Form servieren.

BLUMENKOHLREIS MIT GEMÜSE

Für 4 Portionen

Pro Portion: 2 Punkte, 98 kcal, 5 g E, 5 g F, 8 g KH

500 g Blumenkohl
1 gelbe oder orangefarbene Paprikaschote
150 g Zucchini
1–2 Knoblauchzehen
15 g Kokosöl
200 ml Gemüsebrühe
2 Stängel glatte Petersilie
Salz, Pfeffer
1–2 EL weißer Essig (z. B. Reisessig)

1. Blumenkohl putzen, waschen und in Röschen teilen. In 2 Portionen im Mixtopf jeweils **4 Sekunden/Stufe 4** auf etwa Reiskorngröße zerkleinern. In das Garkörbchen geben.
2. Die Paprikaschote putzen, waschen und grob zerschneiden. Zucchini waschen, putzen und ebenfalls grob zerschneiden. Die Knoblauchzehe schälen.
3. Paprika, Zucchini und Knoblauch in den Mixtopf geben und mit aufgesetztem Messbecher **5 Sekunde/Stufe 5** zerkleinern.
4. Das Kokosöl dazugeben und Gemüse **4 Minuten/120 °C/Stufe 2** andünsten. Die Brühe angießen, das Garkörbchen mit dem Blumenkohl einhängen und das Ganze zugedeckt **18 Minuten/100 °C/Stufe 1 linksdrehend** weich dünsten.
5. Die Petersilie waschen, trocken schütteln und die Blätter von den Stängeln zupfen.
6. Den Blumenkohl mit dem Spatel unter das Gemüse im Mixtopf heben, mit Salz, Pfeffer und Essig pikant abschmecken und kurz **3 Sekunden/Stufe 3 linksdrehend** durchrühren.
7. Gemüse auf Teller oder Schüsseln verteilen und mit Petersilie bestreut servieren.

Tipp: Je nach Saison können als Gemüse zum Blumenkohl auch Möhren, Fenchel oder Kürbis dazukommen.

RATATOUILLE

Für 4 Portionen

Pro Portion: 1 Punkt, 96 kcal, 4 g E, 5 g F, 10 g KH

300 g Auberginen
Salz
200 g Zucchini
1 weiße Zwiebel
1–2 Knoblauchzehen
1 EL Olivenöl
300 g reife Tomaten
1 rote Paprikaschote
je 2 Zweige Majoran, Thymian und Oregano
Pfeffer
Balsamicoessig (optional)

1. Die Auberginen waschen, putzen, in etwa 1 ½ cm große Würfel schneiden, in eine Schüssel geben, salzen und zugedeckt ruhen lassen, damit sie Wasser ziehen.
2. Die Zucchini waschen, putzen und in 1 ½ cm große Würfel schneiden. Die Zwiebel abziehen und vierteln. Die Knoblauchzehe schälen.
3. Zwiebel, Knoblauch und Olivenöl in den Mixtopf geben und mit aufgesetztem Messbecher **4 Sekunden/Stufe 5** zerkleinern. Mit dem Spatel nach unten schieben und **5 Minuten/120 °C/Stufe 1,5** andünsten.
4. In der Zwischenzeit die Tomaten waschen, vierteln und die Stielansätze herausschneiden. Die Paprikaschote waschen, putzen und grob zerschneiden. Die Kräuter waschen, trocken schütteln und die Blätter von den Stängeln zupfen.
5. Tomaten, Paprika und Kräuter in den Mixtopf geben und **2 Sekunden/Stufe 4** zerkleinern. (Messbecher!) Anschließend **12 Minuten/100 °C/Stufe 1 linksdrehend** dünsten.
6. Die Auberginen in ein Sieb geben, mit kaltem Wasser abbrausen und gut ausdrücken. Zusammen mit den Zucchini in den Mixtopf geben und weitere **12 Minuten/100 °C/Stufe 1,5 linksdrehend** garen.
7. Ratatouille mit Salz, Pfeffer und nach Belieben etwas Balsamicoessig pikant abschmecken und heiß oder kalt servieren.

Tipp: Ratatouille schmeckt immer – ob als Beilage zu Gegrilltem, kalt aufs Brot oder schnell püriert mit etwas Brühe als Suppe. Eignet sich auch gut zum portionsweisen Einfrieren.

SAUERKRAUT MIT PAPRIKA UND SELLERIE

Für 4 Portionen

Pro Portion: 1 Punkt, 109 kcal, 3 g E, 6 g F, 10 g KH

1 große Gemüsezwiebel
2 Knoblauchzehen
1 rote Paprikaschote
1 EL Rapsöl
200 g Staudensellerie
400 g frisches Sauerkraut
2 Stängel Petersilie
1 EL Paprikapulver, edelsüß oder rosenscharf
1 TL Kümmel
5 Wacholderbeeren
2 Lorbeerblätter
500 ml Gemüsebrühe
Salz, Pfeffer
25 ml Apfelessig

1. Zwiebel abziehen und vierteln. Knoblauchzehen schälen. Die Paprikaschote waschen, putzen und grob zerteilen.
2. Zwiebel und Knoblauch in den Mixtopf geben und mit aufgesetztem Messbecher **5 Sekunden/Stufe 5** zerkleinern. Das Öl dazugeben und Gemüse **3 Minuten/120 °C /Stufe 1,5** andünsten.
3. Staudensellerie waschen, putzen und quer in 1 cm breite Streifen schneiden. Das Sauerkraut mit einer Gabel oder mit den Händen zerpflücken. Petersilie waschen, trocken schütteln und hacken.
4. Paprikapulver, Kümmel, Wacholderbeeren, Lorbeerblätter, Sellerie, Sauerkraut und Brühe in den Mixtopf geben und mithilfe des Spatels **7 Sekunden/Stufe 4** vermischen. Dann **20 Minuten/95 °C/Stufe 1,5 linksdrehend** sanft garen lassen, bis das Gemüse weich ist. Nach Möglichkeit die Lorbeerblätter und Wacholderbeeren herausfischen.
5. Eintopf mit Salz, Pfeffer und Apfelessig pikant abschmecken, auf 4 Teller verteilen und mit Petersilie bestreut servieren.

Tipp: Wenn Sie sehr junge Selleriestauden bekommen, können Sie auch deren Grün statt der Petersilie verwenden.

BLUMENKOHL-PIZZA

Für 2 Pizzen

Pro Portion: 5 Punkte, 352 kcal, 29 g E, 21 g F, 10 g KH

40 g Parmesan
600 g Blumenkohl
Salz
1 l Wasser
100 g Rispentomaten
150 g junger Spinat
4–5 Stängel Basilikum
30 g geriebener mittelalter Gouda
2 Eier, Größe M
Pfeffer

1. Den Parmesan in Stücke schneiden, in den Mixtopf geben und mit aufgesetztem Messbecher **8 Sekunden/Stufe 10** reiben. In eine Schüssel umfüllen und beiseitestellen. Mixtopf nicht spülen.
2. Den Blumenkohl waschen, putzen und grob hacken. In den Mixtopf geben und **8 Sekunden/Stufe 10** fein reiben (Messbecher!) 1 l Salzwasser dazugeben und **12 Minuten/100 °C/Stufe 2** weich kochen.
3. Den Backofen auf 200 °C Ober-/Unterhitze vorheizen (Umluft 180 °C).
4. In der Zwischenzeit die Tomaten waschen und – je nach Größe – halbieren oder in Scheiben schneiden. Den Spinat waschen, gut abtropfen lassen und verlesen. Das Basilikum waschen, trocken schütteln und die Blätter von den Stielen zupfen.
5. Ein Sieb mit einem sauberen Küchentuch auslegen, den gekochten Blumenkohl hineingeben und gut auspressen – es soll möglichst wenig Flüssigkeit in der Blumenkohlmasse bleiben.
6. Blumenkohl, geriebenen Gouda, Eier und Pfeffer in den Mixtopf geben und **10 Sekunden/Stufe 4** zu einem glatten Teig verrühren.
7. Backblech mit Backpapier auslegen und zwei Pizzen von ca. 25 cm Durchmesser daraufstreichen. Mit Spinat, Tomaten und Basilikum belegen und mit Parmesan bestreuen. Pizzen 20–25 Minuten im vorgeheizten Backofen backen, bis der Parmesan geschmolzen und die Ränder goldgelb sind.

Tipp: Wenn Sie öfter Gemüseteige zubereiten, sollten Sie sogenannte Nussmilchbeutel kaufen, mit denen Sie die gekochten Gemüsekrümel sehr gut auspressen können.

AUBERGINEN-CURRY

Für 4 Portionen

Pro Portion: 13 Punkte, 240 kcal, 4 g E, 21 g F, 9 g KH

400 g Auberginen
Salz
4 Frühlingszwiebeln
1 walnussgroßes Stück Ingwer
1 kleine Chilischote
15 g Kokosöl
1 gelbe Paprikaschote
1 Fleischtomate
2 Stängel frischer Koriander (ersatzweise Petersilie)
je 1 TL gemahlener Koriander, Kreuzkümmel und Kurkuma
1 EL Madras-Currypulver
400 ml cremige Kokosmilch
Pfeffer
Limettensaft

1. Die Auberginen waschen, Stielansätze entfernen und Fruchtfleisch in etwa 2 cm große Würfel schneiden. Salzen und 15 Minuten ziehen lassen.
2. Die Frühlingszwiebeln waschen, putzen und grob zerschneiden, den Ingwer schälen. Die Chilischote waschen, längs halbieren, Stielansatz und Kerne entfernen und das Fruchtfleisch grob hacken.
3. Zwiebeln, Ingwer und Chilischote in den Mixtopf geben, Messbecher aufsetzen und **5 Sekunden/Stufe 5** zerkleinern. Das Kokosöl dazugeben und alles **4 Minuten/100 °C/Stufe 1,5** andünsten.
4. Die Paprikaschote waschen, putzen und würfeln. Die Tomate waschen, halbieren, Stielansatz und Kerne entfernen und das Fruchtfleisch ebenfalls würfeln. Koriander waschen, trocken schütteln, die Blätter von den Stängeln zupfen und beiseitestellen.
5. Die Gewürze mit der Kokosmilch in den Mixtopf geben und **10 Minuten/100 °C/Stufe 1** einkochen lassen.
6. Die Auberginen ausdrücken und mit Paprika- und Tomatenwürfeln in den Mixtopf geben. Gemüse weitere **15 Minuten/95 °C/Stufe 1 linksdrehend** weich kochen.
7. Curry mit Salz, Pfeffer und Limettensaft abschmecken, auf vier tiefe Teller verteilen und mit den Korianderblättern garniert servieren.

Tipp für das Punktekonto: Fettreduzierte Kokosmilch macht das Gericht zwar weniger cremig, reduziert Ihre Punkte aber auf 9.

Tipp: Für eine besonders aromatische Note im Gericht können Sie statt des gemahlenen Korianders und Kreuzkümmels ganze Samen verwenden, die Sie in einer beschichteten Pfanne ohne Fett anrösten und dann **20 Sekunden/Stufe 10** im Thermomix® mahlen.

GEDÜNSTETER FENCHEL IN MACADAMIASAUCE

Für 4 Portionen

Pro Portion: 7 Punkte, 254 kcal, 8 g E, 20 g F, 9 g KH

- 4 Fenchel (je Knolle etwa 200–250 g)
- ½ Vanilleschote
- 25 g Macadamianüsse natur
- 40 g Butter
- 250 ml Milch
- Salz, Pfeffer

1. Die äußeren Blätter der Fenchelknollen wenn nötig dünn abschälen. Das Fenchelgrün abschneiden, hacken und beiseitestellen. Die harten Stängel wegschneiden, die Knollen längs vierteln und die Strünke keilförmig herausschneiden.
2. Fenchel in den Mixtopf geben und mit aufgesetztem Messbecher **3 Sekunden/Stufe 5** zerkleinern. Alternativ in etwa 2 cm große Stücke schneiden. Fenchel in den Varoma geben.
3. Die Vanilleschote längs aufschlitzen und das Mark herauskratzen. Macadamianüsse **5 Sekunden/Stufe 8** im Mixtopf zerkleinern. (Messbecher!) Butter, Milch und Vanillemark und -schote dazugeben, den Varoma aufsetzen und das Ganze **20 Minuten/Varoma/ Rührstufe** dämpfen.
4. Den Varoma abnehmen und beiseitestellen. Die Vanilleschote entfernen und die Macadamiamilch **30 Sekunden/Stufe 8** pürieren, mit Salz und Pfeffer abschmecken und auf 4 Teller oder kleine Schüsseln verteilen. Den gedämpften Fenchel daraufgeben und Fenchelgrün darüberstreuen.

Tipp 1: 1–2 EL Pastis geben der Macadamiamilch ein würziges Aroma.

Tipp 2: Das Rezept schmeckt auch gut mit 800 g Staudensellerie statt Fenchel.

Info: Die Milch kann am Topfboden ansetzen. Reinigen Sie den Mixtopf deshalb bald nach Gebrauch oder geben gleich etwas Wasser und Spülmittel zum Einweichen hinein.

BLUMENKOHL-KÜRBIS-CURRY MIT SPINAT

Für 4 Portionen

Pro Portion: 7 Punkte, 200 kcal, 5 g E, 16 g F, 8 g KH

1 kleiner Blumenkohl (ca. 500 g geputzt gewogen)
300 g Hokkaido-Kürbis (vorbereitet gewogen)
200 g frischer Spinat
500 ml Wasser
Salz
1 EL Kokosöl
1 EL Madras-Currypulver
1 TL gemahlene Kurkuma
200 ml cremige Kokosmilch
Pfeffer

1. Blumenkohl putzen, waschen und in mundgerechte Röschen teilen. Den Strunk klein würfeln. Beides in das Garkörbchen geben.
2. Die Schale des Kürbis mit einem feuchten Tuch säubern, die Kerne entfernen und das Fruchtfleisch würfeln. In den Varoma legen.
3. Den Spinat waschen, verlesen, auf dem Einlegeboden des Varoma verteilen und gut abtropfen lassen.
4. Wasser mit etwas Salz in den Mixtopf füllen, Garkörbchen einhängen und Varoma mit Einlegeboden aufsetzen. Das Gemüse in **20 Minuten/Varoma/Rührstufe** weich dämpfen. Danach alles beiseitestellen und den Mixtopf ausleeren und abtrocknen.
5. Kokosöl **1 Minute/100 °C/Stufe 1** im Mixtopf schmelzen. Curry und Kurkuma hineingeben und **3 Minuten/100 °C/Stufe 1** erhitzen. Mit der Kokosmilch ablöschen und **5 Sekunden/Stufe 4** vermischen. (Messbecher!)
6. Das Gemüse dazugeben und **5 Minuten/100 °C/Stufe 1,5 linksdrehend** vermischen und erhitzen. Mit Salz und Pfeffer abschmecken und auf 4 Teller verteilen.

Tipp: Übriges Gemüsecurry schmeckt aufgewärmt noch mal so gut. Wer mag, kann das Gericht mit Erdnüssen bestreuen, die zuvor in einer beschichteten Pfanne ohne Fett goldgelb geröstet wurden.

Tipp für das Punktekonto: Mit fettreduzierter Kokosmilch können Sie 2 Punkte pro Portion abziehen.

KRÄUTER-ZUCCHINI-AUFLAUF MIT KÄSEKRUSTE

Für 4 Portionen

Pro Portion: 13 Punkte, 503 kcal, 32 g E, 37 g F, 10 g KH

- 1 EL Rapsöl
- 30 g frische Kräuter (z. B. Majoran, Thymian oder Oregano)
- 250 g würziger Käse (z. B. Gruyère oder Bergkäse)
- 4 Eier, Größe M
- 200 g saure Sahne
- Salz, Pfeffer
- 1 kg Zucchini
- 1 Bund Frühlingszwiebeln

1. Den Backofen auf 200 °C Ober-/Unterhitze (Umluft 180 °C) vorheizen. Eine feuerfeste Form (ca. 20 x 30 x 5 cm) mit Öl auspinseln. Die Kräuter waschen, mit Küchenpapier trocken tupfen und die Blätter abzupfen.
2. Den Käse grob zerschneiden, in den Mixtopf geben und mit aufgesetztem Messbecher **10 Sekunden/Stufe 10** reiben. Eier, saure Sahne, Kräuter, Salz und Pfeffer dazugeben und **10 Sekunden/Stufe 4** verrühren.
3. Die Zucchini waschen, putzen und in ca. 3 mm breite Scheiben schneiden. Die Hälfte der Scheiben in der Form verteilen und mit 1/3 der Sauce begießen. Dann die übrigen Zucchinischeiben daraufgeben und die restliche Sauce darüberstreichen.
4. Auflauf 20–25 Minuten auf der mittleren Schiene im Ofen backen, bis eine goldbraune Kruste entstanden ist.
5. In der Zwischenzeit die Frühlingszwiebeln putzen, waschen und mit viel Grün in Ringe schneiden. Den fertigen Auflauf vor dem Servieren damit bestreuen.

Tipp für das Punktekonto: Mit nur der Hälfte des Käses wird die Kruste zwar nicht so dick, dafür sparen Sie aber 4 Punkte pro Portion.

DESSERTS

Ein Kapitel mit süßen Leckereien zum Nachtisch soll zu guter Letzt nicht fehlen. Natürlich haben wir Haushaltszucker gestrichen und sind auch beim Einsatz von Mehl vorsichtig, denn beides treibt den Blutzuckerspiegel in die Höhe. Unbedenklich und sehr gesund ist Beerenobst in kleinen Mengen, das Sie auch pur genießen können.

QUARKKUCHEN MIT HIMBEEREN

Für 6 Portionen

Pro Portion: 5 Punkte, 141 kcal, 12 g E, 6 g F, 10 g KH

1 EL Butter
50 g Hafer- oder Hirseflocken
etwas Fett für die Form
½ Bio-Zitrone
500 g Quark (20 % Fett)
100 g Zuckerersatz (z. B. Erythrit)
1 Ei, Größe M
1 Pck. gemahlene Gelatine
1 l Wasser
250 g frische Himbeeren

1. Die Butter in einer beschichteten Pfanne schmelzen, die Haferflocken hineingeben, goldgelb rösten, dann beiseitestellen.
2. Eine Springform (16 cm Durchmesser) sorgfältig einfetten und die Haferflockenmasse darin verteilen und festdrücken.
3. Die Zitrone heiß waschen, gut trocknen, die Schale abraspeln und die Frucht auspressen. Zitronensaft, -schale, Quark, Zuckerersatz und Ei, in den Mixtopf geben und **20 Sekunden/Stufe 4** cremig rühren.
4. 3 EL von der Quarkmasse mit der nach Packungsanleitung aufgelösten Gelatine verrühren, in den Mixtopf geben und alles **15 Sekunden/Stufe 4** verrühren.
5. Die Masse in die Springform füllen. Mit Klarsicht- oder Alufolie abdecken und diese mit Küchengarn festbinden. Den Mixtopf spülen und mit dem Wasser füllen. Die Springform in den Varoma setzen und Teig **50 Minuten/Varoma/Stufe 1** dämpfen.
6. Derweil die Himbeeren verlesen, vorsichtig waschen und mit Küchenpapier trocken tupfen.
7. Kuchen in der Form etwas auskühlen lassen und mit den frischen Himbeeren (oder anderen Beeren der Saison) belegen. 1 Stunde im Kühlschrank durchkühlen lassen, dann servieren.

Info: Erythrit oder Erythritol ist ein Zuckerersatzstoff, der durch Fermentierung aus Glucose und Saccharose gewonnen wird. In Reformhäusern und manchen Supermärkten wird er unter verschiedenen Namen wie zum Beispiel Sukrit, Sukrin, Xucker, Wiezucker u. a. angeboten. Erythrit ist dem Haushaltszucker sehr ähnlich: Er ist genauso kristallin, lässt sich zu Puderzucker pulverisieren und hat etwa 70 Prozent der Süßkraft normalen Zuckers. Er hat keine Kalorien, keine Blutzuckerwirkung und wird vom Körper einfach wieder ausgeschieden. Da der Ersatzstoff aber relativ teuer ist, sollten Sie vielleicht überlegen, sich Süßes nach und nach abzugewöhnen. Ernährungsexperten bezweifeln nämlich, dass es sinnvoll ist, den Körper immer wieder mit inhaltsleeren Süßstoffen zu täuschen.
Nehmen Sie auch nicht zu viel Erythrit – das könnte zu Bauschmerzen oder Durchfall führen. Außerdem erzeugen größere Mengen eine Art Kältegefühl im Mund und schmecken dann leicht salzig. Beim Backen sollte der Zuckerersatzanteil 20 Prozent des Gesamtgewichts der Zutaten nicht übersteigen.
Andere Zuckerersatzstoffe wie Xylit, Sorbit, Maltit(ol), Birkenzucker oder Kokosblütenzucker enthalten sehr wohl Kalorien und auch Kohlenhydrate, meist aus Fructose oder Lactose.

BROWNIES

Für 20 Stück

Pro Stück: 4 Punkte, 114 kcal, 3 g E, 10 g F, 1 g KH

- 25 g Bitterschokolade (mind. 85 % Kakaoanteil)
- 1 Vanilleschote
- 4 Eier, Größe M
- Salz
- 100 g Butter
- 40 g Kakaopulver
- 100 g Zuckerersatz (z. B. Erythrit)
- 140 g gemahlene Mandeln
- 1 TL Backpulver
- etwas Fett für die Form oder das Blech

1. Den Backofen auf 180 °C Ober-/Unterhitze (Umluft 160 °C) vorheizen.
2. Die Schokolade grob hacken. Die Vanilleschote längs aufschlitzen und das Mark herauskratzen.
3. Den Schmetterling in den Mixtopf einsetzen. Die Eier trennen, die Eiweiße in den sehr sauberen Mixtopf geben und mit 1 Prise Salz in **4 Minuten/Stufe 3,5** zu einem festen Schnee schlagen. In eine geräumige Schüssel umfüllen. Den Mixtopf nicht säubern.
4. Die Schokolade mit der Butter in den Mixtopf geben und **3 Minuten/55 °C/Stufe 1** schmelzen. Kakaopulver, Zuckerersatz, gemahlene Mandeln, Backpulver, Vanillemark und Eidotter **20 Sekunden/Stufe 3** einrühren. Masse in die Schüssel zum Eischnee geben und alles vorsichtig vermengen.
5. Eine Backform (32 x 20 cm) einfetten oder den entsprechenden Teil eines Backblechs mit Alufolie abgrenzen und ebenfalls einfetten. Den Teig in die Form oder auf das Blech geben und im vorgeheizten Backofen 20–25 Minuten backen.

6. Der Kuchen ist fertig gebacken, wenn Sie mit einem Holzstäbchen hineinstechen und kein Teig mehr daran haften bleibt. Kuchen aus dem Ofen nehmen, vollständig auskühlen lassen und in 20 rechteckige Stücke schneiden.

MARMORKUCHEN

Für 12 Stücke

Pro Stück: 4 Punkte, 174 kcal, 8 g E, 13 g F, 6 g KH

4 Eier, Größe M
Salz
50 g weiche Butter
80 g Zuckerersatz (z. B. Erythrit)
300 g Joghurt
200 g Mandelmehl
1 Pck. Backpulver
40 g schwach entöltes Kakaopulver
etwas Fett für die Form

1. Den Backofen auf 180 °C Ober-/Unterhitze (Umluft 160 °C) vorheizen.
2. Die Eier trennen. Die Eiweiße mit 1 Prise Salz in den sehr (!) sauberen Mixtopf geben und den Rühraufsatz einsetzen. **4 Minuten/Stufe 3,5** steif schlagen und in eine geräumige Schüssel umfüllen. Mixtopf nicht spülen.
3. Eidotter mit Butter in Stücken und Zuckerersatz in den Topf geben und **3 Minuten/Stufe 2** schaumig rühren.
4. Joghurt, Mandelmehl und Backpulver dazugeben und **30 Sekunden/Stufe 2,5** gut verrühren. Teig zum Eischnee geben und behutsam unterheben. Die Masse auf 2 Schüsseln verteilen und das Kakaopulver in eine Teighälfte einrühren.

5. Eine Guglhupfform oder 12 Muffinförmchen dünn einfetten und die beiden Teige abwechselnd einfüllen.
6. Marmorkuchen 25–30 Minuten (Muffins etwas kürzer) im Ofen backen. Der Kuchen ist fertig, wenn Sie mit einem Holzstäbchen in den Teig stechen und nichts daran kleben bleibt.
7. Kuchen in der Form vollständig auskühlen lassen und dann vorsichtig stürzen.

BEERENTORTE MIT SAHNECREME

Für 8 Portionen
Pro Portion: 12 Punkte, 267 kcal, 7 g E, 24 g F, 4 g KH

Für den Tortenboden:

115 g weiche Butter
50 g Zuckerersatz (z. B. Erythrit)
2 Eier, Größe M
130 g Mandelmehl
15 g Guarkern- oder Johannisbrotkernmehl
Salz
etwas Fett für die Form

Für den Belag:

300 g Beeren nach Belieben
1 Vanilleschote
300 ml Schlagsahne
50 g Zuckerersatz (nach Belieben)

1. Den Backofen auf 180 °C Ober-/Unterhitze (Umluft 160 °C) vorheizen.
2. Für den Boden Butter, Zuckerersatz und Eier in den Mixtopf geben und zugedeckt **2 Minuten/Stufe 3** schaumig rühren. Die beiden Mehle und 1 Prise Salz dazugeben und alles **25 Sekunden/Stufe 2** zu einem glatten Teig verrühren.
3. Eine Springform (ca. 24 cm Durchmesser) dünn einfetten und den Teig darin mit einer Teigkarte oder den Händen verteilen. Dabei einen Rand hochziehen. Teig 20 Minuten im Ofen backen, bis der Tortenboden goldgelb ist. Form aus dem Ofen nehmen und Boden vollständig auskühlen lassen, dann erst aus der Springform lösen. Den Mixtopf spülen und abtrocknen.
4. Die Beeren behutsam waschen, gut abtropfen lassen und verlesen. Die Vanilleschote längs aufschlitzen und das Mark herauskratzen. 100 g Beeren mit dem Vanillemark in den Mixtopf geben und mit aufgesetztem Messbecher **5 Sekunden/Stufe 8** pürieren. Auf dem Tortenboden verstreichen. Den Mixtopf spülen.
5. Schmetterling in den Mixtopf einsetzen. Die Schlagsahne hineingießen und in **1–2 Minuten/Stufe 3** (Sichtkontrolle!) steif schlagen. Nach Belieben mit Zuckerersatz süßen.
6. Sahne auf dem Tortenboden verstreichen und die restlichen Beeren darauf verteilen. Torte bis zum Servieren im Kühlschrank aufbewahren.

Tipp: Den Tortenboden können Sie gut auf Vorrat backen und einfrieren. Zum Auftauen einfach 10 Minuten bei 180 °C in den Backofen geben. Der Tortenboden hat pro Portion 7 Punkte, 134 kcal, 5 g E, 12 g F und nur 1 g KH.

Tipp für das Punktekonto: Mit der Hälfte der Sahne haben Sie immer noch eine schöne Torte, sparen aber 2 Punkte pro Portion.

Info: Da Mandel- oder auch Kokosmehl kein Gluten enthält, müssen andere Zutaten dafür sorgen, dass aus dem Teig schließlich Brot, Kuchen oder Kekse werden. Denn Gluten ist der Klebstoff, der Backwaren zusammenhält. Geeignete Kleber sind Leinsamen, Kleie, Quark, Eier, Guarkernmehl oder Flohsamenschalen. Zusätzliche Kleber müssen Sie auch bei »Mehlen« wie Soja-, Linsen-, Mais-, Amarant-, Lupinenmehl und vielen anderen verwenden.

RICOTTAKUCHEN MIT HEIDELBEEREN

Für 6 Portionen

Pro Portion: 7 Punkte, 198 kcal, 12 g E, 13 g F, 8 g KH

400 g Heidelbeeren
1 Vanilleschote
25 g helle Chiasamen
½ Bio-Zitrone
500 g Ricotta
100 g Zuckerersatz (z. B. Erythrit)
1 Ei, Größe M
1 Pck. gemahlene Gelatine
etwas Fett für die Form
1 l Wasser
Minzeblätter nach Belieben

1. Die Heidelbeeren waschen, gut abtropfen lassen und verlesen. Die Vanilleschote längs aufschlitzen und das Mark herauskratzen.
2. 200 g Beeren in einer Schüssel mit einer Gabel zerdrücken, mit den Chiasamen vermischen und im Kühlschrank 2 Stunden (oder länger – am besten über Nacht) quellen lassen. (Die Chiasamen quellen auf und geben dem Aufstrich für den Kuchenbelag die nötige Festigkeit.)
3. Die Zitrone waschen, abtrocknen, die Schale abreiben und den Saft auspressen. Zitronenschale und -saft, Ricotta, Zuckerersatz und Ei in den Mixtopf geben und mit aufgesetztem Messbecher **20 Sekunden/Stufe 3** cremig rühren.
4. Die Gelatine nach Packungsanleitung auflösen, mit 3 EL der Ricottamasse vermischen. Dieses Gemisch wieder in den Mixtopf geben und das Ganze **10 Sekunden/Stufe 3** gut vermischen.
5. Eine kleine Springform (ca. 16 cm Durchmesser) dünn einfetten, die Ricottamasse einfüllen. Mit Alu- oder Klarsichtfolie abdecken und diese mit Küchengarn gut festbinden.
6. Wasser in den Mixtopf gießen, den Varoma aufsetzen und die Kuchenform hineinstellen. Den Kuchen **50 Minuten/Varoma/Rührtufe** stocken lassen.
7. Vollständig auskühlen lassen, mit dem Heidelbeeraufstrich bestreichen und die restlichen Beeren obenauf verteilen. Nach Belieben mit Minze garnieren.

Tipp für das Punktekonto: Ricotta, der cremige, italienische Frischkäse aus Schafsmolke, hat relativ viele Punkte. Er kann aber auch durch Quark (20 % Fett) ersetzt werden. Sie müssen dann nur 3 Punkte pro Portion notieren.

HÜTTENKÄSE MIT HIMBEEREN

Für 6 Portionen

Pro Portion: 5 Punkte, 220 kcal, 19 g E, 12 g F, 8 g KH

50 g Goldleinsamen
250 g Hüttenkäse
500 g Quark
4 Eier, Größe M
1 Prise Salz
10 g Butter
200 g Himbeeren

1. Den Backofen auf 160 °C Ober-/Unterhitze (Umluft 140 °C) vorheizen. Leinsamen in den Mixtopf geben und mit aufgesetztem Messbecher **15 Sekunden/Stufe 10** schroten.
2. Hüttenkäse, Quark, Eier und Salz dazugeben und **10 Sekunden/Stufe 3** vermischen.
3. Eine Quiche- oder Springform (ca. 25 cm Durchmesser) mit Butter einfetten und die Masse einfüllen.
4. Himbeeren verlesen, behutsam abbrausen und gut abtropfen lassen. Auf der Quarkmasse verteilen und leicht andrücken.
5. Auflauf 30 Minuten im Ofen backen, bis die Masse gestockt ist. Etwas abkühlen lassen und lauwarm oder kalt genießen.

ERDBEERSOFTEIS

Für 6 Portionen

Pro Portion: 2 Punkte, 101 kcal, 1 g E, 5 g F, 9 g KH

500 g Erdbeeren
1 Päckchen Vanillezucker
25 g kandierter Ingwer
100 g Crème fraîche

1. Die Erdbeeren waschen, gut abtropfen lassen und putzen. 350 g auf einem kältebeständigen Teller ausbreiten und 3 Stunden im Tiefkühlfach gefrieren lassen.
2. Die restlichen 150 g Erdbeeren mit dem Vanillezucker in den Mixtopf geben und mit aufgesetztem Messbecher **2 Sekunden/Stufe 4** zerkleinern. Sauce in eine Schüssel umfüllen und zugedeckt im Kühlschrank durchziehen lassen.
3. Die gefrorenen Erdbeeren mit dem kandierten Ingwer in den Mixtopf füllen und **10 Sekunden/Stufe 8** zerkleinern. (Messbecher!) Die Crème fraîche dazugeben und **30 Sekunden/Stufe 4** verrühren.
4. Das Eis gleich in Schalen anrichten und mit der Erdbeersauce beträufelt servieren.

Tipp: In Arbeitsschritt 3 können Sie statt der Crème fraîche auch 2 frische Eiweiße verwenden. Die zerkleinerten Erdbeeren mit dem Spatel an den Rand schieben, damit der Schmetterling eingesetzt werden kann, und dann 2 Minuten/Stufe 4 unterrühren.

Tipp für das Punktekonto: Mit fettarmem Joghurt sind Eisfreunde gut dabei – 0 Punkte!

ORANGEN-ZABAGLIONE

Für 2 Portionen

Pro Portion: 0 Punkte, 121 kcal, 5 g E, 9 g F, 5 g KH

- 3 Eidotter, Größe M
- 40 g Zuckerersatz (z. B. Erythrit)
- 75 ml frisch gepresster Orangensaft
- 2 EL Zitronen- oder Limettensaft
- Beerenobst und Minze nach Belieben

1. Den Schmetterling einsetzen. Eidotter, Zuckerersatz, Orangen- und Zitronensaft in den Mixtopf geben und **10 Minuten/80 °C/Stufe 3** schaumig schlagen.
2. Die Mischung sofort heiß in Gläsern servieren. Entweder pur genießen oder mit Beerenobst und Minzeblättern garnieren.

Tipp: Statt Orangensaft können Sie auch weißen Traubensaft oder Apfelsaft verwenden. Je saurer der Obstsaft, desto besser für die Zabaglione, die sonst gerne aus nicht zu süßem Weißwein gemacht wird.

PANNA COTTA MIT MANGO

Für 2 Portionen

Pro Portion: 12 Punkte, 232 kcal, 3 g E, 20 g F, 9 g KH

- ½ Vanilleschote
- 100 ml Schlagsahne
- 100 ml Sahne zum Kochen (10 % Fett)
- 20 g Zuckerersatz (z. B. Erythrit)
- ½ Pck. gemahlene Gelatine
- ½ Mango (ca. 75 g Fruchtfleisch)

1. Die Vanilleschote aufschlitzen und das Mark herausschaben. Vanillemark mit den beiden Sahnen und dem Zuckerersatz in den Mixtopf geben und **15 Minuten/100 °C/Stufe 1** sanft kochen lassen.
2. **1 Minute/90 °C/Stufe 2,5** am Gerät einstellen und die Gelatine durch die Deckelöffnung einrieseln lassen.
3. Creme in 2 mit kaltem Wasser ausgespülte Gläser füllen und erkalten lassen. Dann mindestens 2 Stunden im Kühlschrank durchkühlen lassen.
4. Vor dem Servieren die Mango schälen, das Fruchtfleisch vom harten Kern abschneiden und würfeln. Die Panna cotta mit den Mangowürfeln bestreut servieren.

Tipp für das Punktekonto: Wenn Sie 200 ml Sahne zum Kochen verwenden, gibt das lediglich 8 Punkte pro Portion.

MANGOPUDDING MIT CHIASAMEN

Für 4 Portionen

Pro Portion: 2 Punkte, 134 kcal, 4 g E, 8 g F, 9 g KH

- 4 EL Chiasamen
- ½ TL Kurkuma
- 500 ml ungesüßter Mandeldrink
- 250 g reife Mango
- 50 ml Wasser
- 1 Stängel frische Minze

1. Chiasamen mit Kurkuma und Mandeldrink in einer Schüssel verrühren und im Kühlschrank mindestens 5 Stunden quellen lassen. Je länger die Samen quellen können, desto cremiger wird der Pudding.
2. Die Mango schälen und das Fruchtfleisch vom Kern schneiden. Etwa 100 g würfeln und beiseitestellen.
3. Restliche Mango grob zerschneiden, mit Wasser in den Mixtopf geben und **20 Minuten/100 °C/Stufe 1,5 linksdrehend** einkochen lassen.
4. Die Minze waschen, trocken schütteln und die Blätter vom Stängel zupfen.
5. Heiße Mangosauce mit dem kalten Chiapudding verrühren, auf vier Schalen verteilen und mit den restlichen Mangostücken und Minzeblättern garniert servieren.

ZUTATENREGISTER

R

S

T

W

Z

BILDNACHWEIS

S. 3: petrrogskov/adobe.com; S. 3: Anna_Shepulova/iStock.com; S. 3: Elena Veselova/shutterstock.com; S. 4: Stephanie Frey/shutterstock.com; S. 4: Tatiana Volgutova/shutterstock.com; S. 4, S. 5: sarsmis/shutterstock.com; S. 5: PosiNote/shutterstock.com; S. 5: sugar0607/adobe.com; S. 6: Stepanek Photography/shutterstock.com; S. 6: Rocky89/iStock.com; S. 6: hlphoto/shutterstock.com; m.pilot/shutterstock.com; S. 12: Syda Productions/shutterstock.com; S. 13: Saranya Loisamutr/shutterstock.com; S. 14: azure1/shutterstock.com; S. 14: George3973/shutterstock.com; S. 15: All for you friend/shutterstock.com; S. 16: Tina Larsson/shutterstock.com; S. 21: victoriaKh/shutterstock.com; S. 23: Africa Studio/shutterstoc.com; S. 23: womue/adobe.com; S. 25: monticellllo/iStock.com; S. 25, 27: Pinkyone/shutterstock.com; S. 28: Diana Talium/shutterstock.com; S. 28: zcm/shutterstock.com; S. 28: Bernd Schmidt/shutterstock.com; S. 28: Dionisvera/shutterstock.com; S. 28: akf/adobe.com; S. 28: Tobik/shutterstock.com; S. 28: WITCHAYUT PHAKAGASAMA/shutterstock.com; aquariagirl1970/shutterstock.com; S. 28: Anna Sednova/shutterstock.com; S. 29: gresei/shutterstock.com; S. 29: Mattola/shutterstock.com; S. 29: kiboka/shutterstock.com; S. 29: AGorohov/shutterstock.com; Maya Morenko/shutterstock.com; S. 29: Viktor1/shutterstock.com; S. 29: Bernd Schmidt/shutterstock.com; S. 29: akf/adobe.com; S. 29: Jacek Chabraszewski/shutterstock.com; S. 29: Diana Taliun/shutterstock.com; S. 29: Waltraud Oe/shutterstock.com; S. 29: Olga Popova/shutterstock.com; S. 30: Pinkyone/shutterstock.com; S. 31: Y Photo Studio/shutterstock.com; S. 31: Elena Veselova/shutterstock.com; S. 31: Anna_Shepulova/iStock.com; S. 31: petrrgoskov/adobe.com; S. 31: Anna Ewa Bieniek/shutterstock.com; S. 31: La_vanda/iStock.com; S. 32, 33: Anna Ewa Bieniek/shutterstock.com; S. 35: OksanaKiian/iStock.com; S. 37: petrrgoskov/adobe.com; S. 38: La_vanda/iStock.com; S. 39: Y Photo Studio/shutterstock.com; S. 40: Anna_Shepulova/iStock.com; S. 41: Stephanie Frey/shutterstock.com; S. 42: bhofack2/iStock.com; S. 43: Oksana Mizina/shutterstock.com; S. 45: Elena Veselova/shutterstock.com; S. 47: Elena_Danileiko/iStock.com; S. 48: Daniel Chester/shutterstock.com; S. 49: Jarvna/shutterstock.com; S. 50: Lapina Maria/shutterstock.com; S. 51: Lesya Dolyuk/shutterstock.com; S. 52: Azra H/shutterstock.com; S. 53: Evgeniya369/shutterstock.com; S. 54: Brent Hofacker/shutterstock.com; S. 55: PABimages/iStock.com; S. 57: Tatiana Volgutova/shutterstock.com; S. 58: Timolina/shutterstock.com; S. 59: MShev/shutterstock.com; S. 61 Timolina/shutterstock.com; S. 63: gkrphoto/iStock.com; S. 65: AnjelikaGr/shutterstock.com; S. 67: Elena Shashkina/shutterstock.com; S. 68: kostrez/shutterstock.com; S. 69: Taratorki/shutterstock.com; S. 70: contrastwerkstatt/adobe.com; S. 71: hlphoto/shutterstock.com; S. 73: pepmiba/iStock.com; S. 75: sarsmis/shutterstock.com; S. 76: Anji77702/shutterstock.com; S. 77: Brent Hofacker/shutterstock.com; S. 79: Elena Shashikina/shutterstock.com; S. 81: iuliia_ni/iStock.com; S. 82: rainbow33/shutterstock.com; S. 83: AGfoto/shutterstock.com; S. 85: Anna Shepulova/shutterstock.com; S. 86: Nadiia Loboda/shutterstock.com; S. 87: Gayvoronskaya_Yana/shutterstock.com; S. 89: Cesarz/shutterstock.com; S. 90: indigolotos/shutterstock.com; S. 91: ivanmateev/iStock.com; S. 93: Paul Cowan/shutterstock.com; S. 94: Duplass/shutterstock.com; S. 95: sarsmis/shutterstock.com; S. 95: anfoto/shutterstock.com; S. 95: Timolina/shutterstock.com; S. 95: Tatiana Vorona/shutterstock.com; S. 95: OlegD/adobe.com; S. 95: minadezhda/shutterstock.com; S. 96: Lisovskaya Natalia/shutterstock.com; S. 97: Timolina/shuttrestock.com; S. 99: sarsmis/shutterstock.com; S. 101: OlegD/adobe.com; S. 102: Silvia Bogdanski/adobe.com; S. 103: MarjanCermelj/iStock.com; S. 105: Tatiana Vorona/shutterstock.com; S. 107: vkuslandia/shutterstock.com; S. 109: Eduard Zhukov/shutterstock.com; S. 111: AS Food studio/shutterstock.com; S. 113: los_angela/iStock.com; S. 115: Szakaly/iStock.com; S. 117: anfoto/shutterstock.com; S. 119: minadezhda/shutterstock.com; S. 120: Anna_Pustynnikova/shutterstock.com; S. 121: Fischer Food Design/shutterstock.com; S. 121: Alexander Levitsky/shutterstock.com; S. 121: Alina G/shutterstock.com; S. 121: AS Food studio/shutterstock.com; S. 121: Barbara Dudzinska/shutterstock.com; S. 121: PosiNote/shutterstock.com; S. 122: Olga Miltsova/shutterstock.com; S. 123: Barbara Dudzinska/shutterstock.com; S. 125: Alina G/shutterstock.com; S. 127: Jay Mudaliar/shutterstock.com; S. 129: Fischer Food Design/shutterstock.com; S. 131: PosiNote/shutterstock.com; S. 133: AS Food studio/shutterstock.com; S. 134: Alexander Levitsky/shutterstock.com; S. 135: sugar0607/adobe.com; S. 135: kimmingkit/shutterstock.com; S. 135: Anticiclo/adobe.com; S. 135: hlphoto/shutterstock.com; S. 135: Stepanek Photography/shutterstock.com; S. 135: Marina Mi/shutterstock.com; S. 137: sugar0607/adobe.com; S. 138: StockphotoVideo/shutterstock.com; S. 139: hlphoto/shutterstock.com; S. 140: Hans Geel/shutterstock.com; S. 141: studio f22 ricardo rocha/shutterstock.com; S. 143: Anticiclo/adobe.com; S. 145: lauraag/iStock.com; S. 147: Stepanek Photography/shutterstock.com; S. 149: Marina Parshina/shutterstock.com; S. 151: Marina Mi/shutterstock.com; S. 152: kimmingkit/shutterstock.com; S. 153: Olha Afanasieva/shutterstock.com; S. 153: sugar0607/iStock.com; S. 153: Peredniankina/shutterstock.com; S. 153: Brent Hofacker/shutterstock.com; S. 153: Peredniankina/shutterstock.com; S. 153: Nataliya Arzamasova/shutterstock.com; S. 153: Simone Andress/shutterstock.com; S. 154: Mariontxa/shutterstock.com; S. 155: sugar0607/iStock.com; S. 157: VICUSCHKA/shutterstock.com; S. 159: Peredniankina/shutterstock.com; S. 161: Aleeksa/shutterstock.com; S. 163: Brent Hofacker/shutterstock.com; S. 164: travellight/shutterstock.com; S. 165: Simone Andress/shutterstock.com; S. 167: Nataliya Arzamasova/shutterstock.com; S. 169: Rocky89/iStock.com; S. 171: MP2/adobe.com; S. 173: Ildi Papp/shutterstock.com; S. 174: Olha Afanasieva/shutterstock.com; S. 175: AS Food studio/shutterstock.com; S. 175: Rachel Moon/shutterstock.com; S. 175: vsl/shutterstock.com; S. 175: AS Food studio/shutterstock.com; S. 175: hlphoto/shutterstock.com; S. 175: teleginatania/shutterstock.com; S. 177: AnnaPustynnikova/iStock.com; S. 178: Rachel Moon/shutterstock.com; S. 179: AS Food studio/shutterstock.com; S. 181: AS Food studio/shutterstock.com; S. 183: hlphoto/shutterstock.com; S. 184: teleginatania/shutterstock.com; S. 185: Africa Studio/shutterstock.com; S. 186: vsl/shutterstock.com; S. 187: Amawasri Pakdara/shutterstock.com; S. 188: vm2002/shutterstock.com.

Weitere Bücher zum Kochen mit dem Thermomix®

Abnehmen mit dem Thermomix®
ISBN 978-3-86883-772-8

Basisch kochen mit dem Thermomix®
ISBN 978-3-7423-0331-8

Die Low-Carb-Diät für den Thermomix®
ISBN 978-3-7423-0076-8

Intervallfasten mit dem Thermomix®
ISBN 978-3-7423-0706-4

Mix für fast nix Günstig kochen mit dem Thermomix®
ISBN 978-3-7423-0514-5

Tragen Sie sich jetzt unter **www.thermomix-fans.de** für unseren Newsletter ein und erhalten Sie kostenlose Rezepte und Infos zu neuen Veröffentlichungen!

riva